eビジネス新書

No.3

週刊東洋経済

強い理系大学

週刊東洋経済eビジネス新書　No.337

強い理系大学

本書は、東洋経済新報社刊『週刊東洋経済』２０１９年１１月３０日号より抜粋、加筆修正のうえ制作しています。情報は底本編集当時のものです。（標準読了時間　９０分）

強い理系大学　目次

「理系度」マトリックス

これが理系大のリアルだ

今、中学校や高校では、「ＳＴＥＡＭ教育」という科学、技術、工学、芸術、数学を横断的に学ばせる理系教育が広まりつつある。学校現場ではプログラミングから実験までさまざまな授業が行われており、中には大学レベルの授業を行う学校もある。

背景には、ＩｏＴ（モノのインターネット）やロボット、ＡＩ（人工知能）、ビッグデータを取り入れ、社会問題を解決したり、新たな技術やビジネスをつくり出したりする新社会（ソサエティー５・０）に対応できる人材を育成しようという狙いがある。

子どもたちも、より具体的な理系のキャリアプランを描く。「理系を志望する子の中には、その大学でしかできない研究があるという理由で、東京大学ではなく東京工業大学や東北大学、京都大学などを選ぶ生徒もいる」（中高一貫校に詳しい教育関係者）。

親の期待もある。アイデムが2019年5月、小・中学生の子どもを持つ親3600人に聞いた「親の子供に対する就職期待とキャリア教育に関する調査」によると、子どもの文系か理系かの進路選択で、「理系に進んでほしい」とした割合は70％に達した。

理系を勧めるのは「就職に有利」という側面があるからだ。とくに理系の女子は就職に強い。マイナビの就職内定率調査によると、2020年卒の8月時点の内定率は、理系女子88・8％に対し、文系男子78・7％と、10ポイント以上の差がある。機械加工品や電子機器製造の大手・ミネベアミツミの山本洋・人事部次長は、「工学系で学んだ女子学生は人数も少ない。とくに採用したい」と語る。

理系人材を求めるのは、メーカーだけではない。WebマーケティングやRPA（ロボットによる定型作業の自動化）など、ビジネスの現場が大きく変わる中、それを使いこなせる人材の確保が急務になっている。さらに営業の現場でも、「法人の顧客などはコミュニケーション力よりも論理的に説明できる理系人材のほうが、ウケがいい」（銀行の人事担当者）という状況が生じている。理系人材の活躍する場が想像以上に増えている。

文系学部が多い大規模私立大学も文理融合の学部をつくり、理系教育に対応する動きがある。

東洋大学はエンジニアリング、デザイン、ビジネスなどの分野を融合した「情報連携学部」を2017年に設置、中央大学も19年にITと法学系の学びを融合させた国際情報学部を開設した。また、滋賀大学を皮切りに横浜市立大学や武蔵野大学などデータサイエンス学部の開設も盛んだ。

ではどんな大学が、「理系力がある大学」といえるのか。文理の垣根がなくなり、学部名だけでは理系度を測れない。分野によって金額の規模が違う研究費で測るのも難しい。そこで作成したのが後の「理系度」マトリックスだ。縦軸に理系の入試難易度、横軸に学部生の大学院進学率（全学部の数値）を設定し、主要55大学のポジションを「見える化」した。院進学率を横軸にしたのは、理系学生の比率が高い大学ほど、院進学率が高いからだ。

実際、理系（理・工・農・医）の院進学率は3割を超える。「日本のトップメーカーは、研究職や技術職に大学院卒以外をほぼ採用しない」(文化放送キャリアパートナーズ就職情報研究所の平野恵子所長)といった理由もある。国立大学の学生の院進学率が比較的高いが、数値が高いほど研究に意欲的な理系学生が多いといえる。

このあと理系の大学では実際にどんな研究や学びを行っているかに迫る。「本当に強い理系大学」を探す手がかりになるはずだ。

(宇都宮 徹)

【「理系度」マトリックスの見方】

各大学の大学院進学率を横軸、大学の入試難易度(理系学部の最高値)を縦軸としたマトリックス。大学院進学率は、2018年の卒業生のうち、大学院に進学した学生の割合。全学部の数値で理系・文系を問わない。入試難易度は、河合塾が予想する、合否の可能性が50%に分かれるボーダーライン偏差値。今回使用したボーダーラインは、前年度(19年度)の入試結果と第2回全統記述模試の志望動向を参考に算出した19年9月時点のもの。表記の数値は該当大学の医学部、薬学部、獣医学部を除く理系学部の中での最高値(国公立大の場合は後期日程の数値を除く)。

「理系度」マトリックス
—主要55大学を大学院進学率と入試難易度で分析—
凡例 国立 公立 私立
入試難易度
大学院進学率(%)
(出所)大学院進学率は東洋経済新報社「大学四季報データ」、入試難易度は河合塾予想
東京工業大学(情報理工／67.5)
東京大学(理科一類、理科二類／67.5)
京都大学(理、工、農／65.0)
大阪府立大学(工学域／62.5)
大阪大学(理、基礎工／62.5)
名古屋大学(工／62.5)
東北大学(理、工／60.0)
北海道大学(総合理系／60.0)
九州大学(理、工／57.5)
神戸大学(工／60.0)
千葉大学(理、工／60.0)
広島大学(工／55.0)
岡山大学(理、工、農／52.5)
東京農工大学(農／57.5)
名古屋工業大学(工／57.5)
電気通信大学(情報理工／55.0)
九州工業大学(工、情報工／50.0)
豊橋技術科学大学(工／47.5)
長岡技術科学大学(工／42.5)
室蘭工業大学(理工／40.0)
会津大学(コンピュータ理工／47.5)
公立はこだて未来大学(システム情報科学／45.0)
高知工科大学(システム工学群、環境理工学群／45.0)
首都大学東京(20年から東京都立大学に)(システムデザイン／60.0)
筑波大学(理工学群／62.5)
東京海洋大学(海洋生命／57.5)
ものつくり大学(技能工芸／40.0)

進学先は研究室で選ぶ

「研究室」は大学4年生から大学院までの数年間を過ごすこともある専門研究の拠点。志望大学の研究室を調べておいたほうが、後悔のない大学選びができる。日本のトップ研究室はどんな研究をしているのか、どうやって入るのか。3つの研究室を取材した。

【大阪大学 石黒研究室】選択肢が多い自由な環境

モデルや操作者に与える心理的影響を探るためにモデルと酷似させた「ジェミノイド」、人間と対話できる「ERICA（エリカ）」、対話と移動の機能を持つ「ibuk i（イブキ）」……。人間と関わるアンドロイド（ヒト型ロボット）を使った研究を多く手がけるのが、大阪大学大学院基礎工学研究科の石黒研究室だ。

石黒浩教授は人間酷似型アンドロイドの第一人者として海外にもその名が知れ渡っており、2015年にはドバイの国際賞を受賞した。「人と関わるロボットを研究しているのは、ロボットを通じて『自分自身が何者か』を知りたいから。そのために、技術開発と人間理解を同時に進めている」と語る。

石黒研の魅力は、複数あるロボットの研究グループの中から、やりたい研究を選べることだ。ibukiグループに属する博士前期課程（修士）1年生の伊勢尚輝さんは「ロボットのハードの開発を希望したら、そのとおりに配属してもらえた。興味を持って研究に取り組んでいる」と話す。

「ロボットとは、人とは何かを考えていれば、どんな研究でも構わない。新しい問題に取り組んでほしい」（石黒教授）。研究室にいる必要があるコアタイムはなく、自分のペースで活動できる。

石黒研にはロボット工学だけでなく、認知科学や心理学の色が強い研究グループもあり、希望すれば、毎年違うグループに所属することも可能だ。ロボットに必要な複数の学問分野を広く研究できる。

学生が研究したいテーマによっては、ほかの研究室に送り出す。学部4年生で石黒研に入り、現在・ibuki・チームを率いる仲田佳弘助教はその一人。「ロボットのハードを研究したいと先生に話したら、ハードの研究をしている別の研究室に派遣してもらえた。2年間研究した後に、再び石黒研に戻ったが、非常によい経験が積めた」。現在も海外の共同研究先で研究している学生がいるという。

「大学はこちらから何かを教える場ではない。環境の選択肢を増やし、その人に合った環境を与えれば、学生は育つ」（石黒教授）

一見すると放任主義のようだが、親身な姿勢もうかがえる。石黒教授が意識的に行っているのは、研究している姿を見せること。「問題の解き方もアイデア出しも、やってみせるしか教える方法はない」。卒業後の進路も細かくサポートしている。「博士の就職の問題がいわれているが、石黒研で困った人は見たことがない」（仲田助教）。

この環境に魅力を感じ、石黒研には多様なメンバーが集う。所属学生55人のうち約半数がアジアや中東などからの留学生だ。

入室のハードルは、大学院より学部4年生のときのほうが低い。学部生は希望制で、定員に達しなければ入れる。倍率は例年2倍以下という。「テストと研究は違う」（石黒教授）と、成績だけでなく「本人のやる気」も重視する。「自分が競争できる相手が欲しい。そういう相手がいないと、私も研究者としての価値を保てないと考えている」（石黒教授）。

【東京大学　松尾研究室】学生の起業を奨励

ＡＩの基礎技術であるディープラーニング（深層学習）の研究で日本の最先端を走るのが、東京大学大学院工学系研究科の松尾研究室だ。松尾豊教授は日本ディープラーニング協会の理事長で、人工知能学会でも要職を務めてきた。世界的に権威の高いＷＷＷ国際会議ではウェブマイニング部門のセッション責任者を2回も担当した。

松尾研には大きな特徴がある。それは「ベンチャー起業家を数多く出している」ことだ。ニュースアプリのグノシー、ＡＩアルゴリズム機能提供のパークシャテクノロジー、ＡＩによる機械自動化のディープエックスの創業者は皆、松尾研の出身。研究室在籍中に起業する人も珍しくない。

博士課程1年の田村浩一郎さんもその一人だ。2年前、画像認識アルゴリズムを提供するＡＣＥＳを立ち上げた。「学生の進路は、起業するか、研究者になるかのどちらか。一般企業に就職する人はほぼいない」（田村さん）。

背景には、松尾教授が「ベンチャー創出」をミッションに掲げていることがある。「グローバルでは優秀な学生が起業するのは当たり前。日本は基礎研究をしている人は数多いが、それを世の中につないで事業化する人が不足している。そういう人を生み出したい」（松尾教授）。

起業をバックアップする体制も整っている。最たるものは、企業との共同研究プロジェクトを数多く体験できることだ。松尾研は企業から引く手あまたで、11月の取材当時も、金融や製造など、7つほどのプロジェクトが進められていた。学生は、希望すればプロジェクトに参加でき、掛け持ちも可能だ。松尾教授は「複数の業界を素早く体験することを目的に、コンサルティングファームに入社する人がいるが、松尾研ではそれが在学中にできる」と話す。

研究で優秀な事業パートナーも見つけられる。田村さんの会社も創業メンバーの半分が松尾研だ。毎週催される「論文輪読会」をはじめとした勉強会に参加すれば、ディープラーニングに関する最新技術の情報が次々と手に入る。

田村さんは「起業した後も研究室にいるほうが、最新の論文が手に入るなどメリットが大きい」と言う。「松尾研発スタートアップ」のブランドがあると、企業とのタッグも組みやすい。ＡＣＥＳはすでに電通とスポーツ選手の動作分析に関して共同研究を行っている。

松尾研は狭き門だ。学部4年生のときに入れるのは毎年2人。田村さんのように、松尾教授が主宰するデータサイエンスの寄付講座で優秀な成績を残し、共同研究プロジェクトに参加した人が、研究室に誘われることが多い。修士ではさらに狭き門で、倍率は20倍以上。難関を突破すれば、成長できる環境が待っている。

【慶応大学　岡野研究室】再生医療で実績多数

「神経幹細胞」の発見で知られ、中枢神経系の再生の分野で実績を積み重ねているのが慶応大学医学部生理学教室の岡野栄之教授だ。ES細胞（胚性幹細胞）やiPS細胞（人工多能性幹細胞）を、治療に使うための神経幹細胞に誘導する技術力が高い。この分野で臨床が決まったのは世界でたった5例だが、うち2例が岡野教授によるものだ。

岡野研究室で大半の学生が選ぶ研究対象は神経系だという。内容は、神経幹細胞を使った基礎研究、再生医療、病気の原因に関する研究の3つが代表的だ。「研究室では、多様な患者さんからiPS細胞を作って病気の原因を解析したり、治療薬を開発したりしている。同じ敷地内に大学病院があるので基礎研究と臨床が近いのが強みだ」（岡野教授）。

研究室には、常時50人ほどの研究員が所属している。フランスや中国をはじめ、海外からの参加者も多く、ミーティングでのデータの発表は英語で実施される。

大学院生として岡野研に入るためには、事前の面談などでマッチングを確認。大学院進学のための筆記試験を受け、合格すれば研究室に入れる。研究室ごとの定員は決まっていない。受験者には他大学の学生も多い。「再生医療に興味があった」という根本晶沙さんは北海道大学の理学部生物科学科出身。「霊長類のマーモセットの研究をしていたので、その疾患モデルの作成で有名な研究室を選んだ」と話す佐藤月花さんは、日本獣医生命科学大学出身だ。

研究室には、大学病院の臨床医、岡野研の研究に関心を持つ他学部の学生も出入りする。「理工学部の学生は脳波や筋電図の自動測定システムを作ってくれたし、薬学部の学生は創薬スクリーニングがうまい。多様な学部の人が出入りすることは重要だ」(岡野教授)。

研究員は、研究内容ごとにグループに所属。助教などスタッフに教えてもらいながら、一人前に実験ができるようになるまで2年ほどかかる。定期的に発表されるテーマに沿っておのおのが研究する。

「大学院生とポスドクには、自分の頭で研究計画を練ってひたすら実験を行い、論文

発表を含め、世界に情報発信し、新しいことを見つけてほしい」（岡野教授）

3つの研究室に共通するのは、学生に伸び伸び研究してもらい、力を最大限に引き出そうとしていること。そうした姿勢の有無は、研究室選びで重要な基準だ。

（ライター・杉山直隆、竹内三保子）

国立大学の研究力を総点検

理系ライター集団「チーム・パスカル」・萱原正嗣

研究力が高い日本の大学といえば、旧帝国大学をはじめとする上位有名国立大学だろう。ここでは、論文がどれだけ引用されているか、すなわち「被引用数」を研究力の指標とする。

米国の学術情報調査機関であるクラリベイト・アナリティクス社は、被引用数の多い論文を毎年調査し、結果を発表している。同社が定める22の研究分野ごとに、被引用数が世界の上位1％に入る論文を「高被引用論文」と定義し、その論文本数で国別、研究機関別に順位を出している。さらに、被引用数が世界の上位1％の研究者を「高被引用研究者（HCR：Highly Cited Researchers）」とし、研究者の名前も公表している。

次表は、「高被引用論文」の本数で見た、日本の研究機関上位20だ。そのうち国立大学が12校。旧帝大と東京工業大学、筑波大学、岡山大学、神戸大学、広島大学が名を連ねる。東京大学の論文本数が抜きんでているのがわかる。

■上位には旧帝大をはじめとした国立大が並ぶ
―被引用数が世界の上位1%に入る論文が多い国内研究機関ランキング―

順位	研究機関	論文被引用数
1	★ 東京大学	1,474
2	★ 京都大学	918
3	理化学研究所	707
4	★ 大阪大学	584
5	★ 東北大学	528
6	★ 名古屋大学	464
7	★ 九州大学	362
8	物質・材料研究機構	337
9	★ 東京工業大学	334
10	★ 筑波大学	294
11	産業技術総合研究所	291
12	★ 北海道大学	268
13	★ 岡山大学	239
14	★ 神戸大学	219
15	★ 慶応大学	203
16	★ 広島大学	201
17	★ 早稲田大学	193
18	国立がん研究センター	190
19	自然科学研究機構	184
20	高エネルギー加速器研究機構	179

(注)2008年1月～18年12月末の11年間の論文が対象。
★は国立大学、★は私立大学、無印は研究機関
(出所)米クラリベイト・アナリティクス社のデータを基に本誌作成

ＨＣＲは研究機関別の順位とは少し様子が変わる。東大１０人、東北大学９人、京都大学７人、大阪大学６人、名古屋大学と東工大が３人、九州大学２人、北海道大学と岡山大が１人である。ちなみに私立からは早稲田大学と慶応大学から１人ずつ選出されている。

なお、研究者別のデータは２０１８年版に基づく。被引用数の集計期間は、２００６年１月～１６年１２月の１１年間。主たる所属をカウントしており、集計期間後に研究者の所属変更や退官などが発生していることもありうる。

ここでは、これらの調査結果を基に、有力国立大で評価されている研究とはどのようなものか具体的に探っていこう。

幅広い研究分野を持つ東京大学

東京大学のＨＣＲは１０人と最多。研究分野は物理・化学分野、生命科学、気象学・大気海洋研究と幅広い。

物理・化学分野の相田卓三氏（工学系研究科教授）は、高分子化学と材料工学を土台に、「エネルギー」や「環境」、「医療」に関わる新素材の分子設計に取り組んでいる。世界で初めて、「割れても自己修復するガラス」を開発したほか、ほぼ水でありながらプラスチックやゴムのような性質を示す「アクアマテリアル」や、タンパク質や生体膜などに接着する「分子のり」なども開発している。

有田亮太郎氏（工学系研究科教授）は、コンピューターを用いた物性物理学の研究に取り組んでいる。岩佐義宏氏（工学系研究科教授）の近年の大きな取り組みの1つは、「超伝導ナノエレクトロニクス」の新機能開拓だ。超伝導とは、電気抵抗がゼロになる現象のことで、これを実用化できれば究極の省エネになる。こうした超伝導体を素子として集積する技術は、量子コンピューターを構成する重要なハードウェアの基盤となる。

染谷隆夫氏（工学系研究科教授）の研究テーマは「有機エレクトロニクス」だ。ロボット表面に取り付ける、人間の皮膚に近い感覚の薄膜センサー「E - skin」や、人間の皮膚に貼り付け皮膚呼吸も可能な「スキンエレクトロニクス」デバイスなどを開発した。

片岡一則氏（未来ビジョン研究センター特任教授）の専門は、高分子を使って新たな物質を作り出す合成化学だ。その技術を活用し、生体材料からなるナノサイズの高分子を合成して、画期的な薬剤運搬システムの開発に成功した。目的のがん細胞にピンポイントにたどり着くようにするなど、副作用のない治療効果が期待され、複数の臨床試験が行われている。

生命科学分野は4人。篠崎和子氏（農学生命科学研究科教授）は乾燥や塩害、温度変化などの「環境ストレス」に対する植物の耐性や応答機構の解明を目指している。福田裕穂（ひろお）氏（未来ビジョン研究センター特任教授）は植物の発生・分化に関する分子機構を明らかにする研究をしている。

植物科学では、世界的に日本の研究者が活躍している。「植物学・動物学」の研究分野で日本の高被引用論文本数は世界8位。中でも、東大は大学別で1位で、2位の京大の倍にのぼる論文本数を誇る。

生命科学分野の残りの2人は、分子生物学・細胞生物学を専門とする水島昇氏（医学系研究科教授）と、免疫学分野の谷口維紹（ただつぐ）氏（先端科学技術研究センター特任教授）だ。

水島氏は、長年オートファジー（細胞の自食作用）について研究している。2013年には、師である東工大の大隅良典氏（科学技術創成研究院特任教授）とともに、「ノーベル賞前哨戦」といわれる「トムソン・ロイター引用栄誉賞（現クラリベイト・アナリティクス引用栄誉賞）」を、生理学・医学部門で受賞した。師弟そろってのノーベル賞受賞も期待されたが、2016年に大隅氏がノーベル生理学・医学賞を受賞した際、水島氏は惜しくも選に漏れた。

谷口氏は1970年代に免疫や炎症反応に関わる生理活性物質「サイトカイン」の遺伝子を複数発見した功績がある。確たる分子生物学を土台とし、免疫や炎症反応の研究に取り組んできた。

気象学分野の渡部雅浩氏（大気海洋研究所教授）は、気候システムの形成および大規模な変化・変動現象のメカニズムの解明に挑む。

材料科学に強い東北大

ＨＣＲ数で国内2位の東北大学は、９名中5名が材料科学分野の研究者だ。中でも、ゲリット・バウアー氏（金属材料研究所教授）、齊藤英治氏（１８年から東大工学系研究科教授、東北大材料科学高等研究所と金属材料研究所兼務）、高橋三郎氏（材料科学高等研究所研究員）、大野英男氏（総長、工学研究科）の４人は、「スピントロニクス」が研究テーマだ。スピントロニクスとは、電子の持つ電気的性質と磁気的性質の両方を同時に扱う学問分野だ。

東北大は、歴史的に材料科学分野やスピントロニクスの研究が盛んだ。「材料科学」分野で日本の高被引用論文本数は世界7位。東北大は、大学別では東大に次いで僅差の2位、研究機関別でも3位にランクインしている。

高橋氏は齊藤氏の研究室に所属する。また、齊藤氏が進める研究プロジェクトにバウアー氏らと参画するなど、共同で研究を進める。大野氏は１１年にトムソン・ロイター引用栄誉賞を物理学部門で受賞している。同じく材料科学分野の本間格氏（多元物質科学研究所教授）は、太陽光発電や燃料電池、蓄電池の高性能化に資する材料科学の基礎研究を行う。

生命科学分野からも3人が選ばれた。うち花田篤志氏（在職時・生命科学研究科）と佐藤修正氏（生命科学研究科准教授）は、植物科学分野の研究者だ。花田氏の研究テーマは、植物の環境応答で重要な役割を果たす植物ホルモンだ。佐藤氏は、シロイヌナズナやトマトなどの植物で、ゲノム配列を解析した研究が評価されている。山本雅之氏（医学系研究科教授）は、生体が酸化ストレスに応答・防御する仕組みを研究する。

有機合成化学を専門とする瀧宮和男氏（理学研究科教授）は、光・電子機能を持つ有機機能性材料を開発し、それらを光・電子デバイスに応用する研究に取り組む。

生命科学分野に秀でた京都大学

京都大学のＨＣＲは7人と高水準。うち6人が生命科学分野の研究者だ。その筆頭は、2012年にノーベル生理学・医学賞を受賞した山中伸弥氏だ。iPS細胞（人工多能性幹細胞）研究所「CiRA」所長としてiPS細胞の臨床応用を目指す。

植物科学の研究は京大でも盛んだ。鹿内（しかない）利治氏（理学研究科教授）は、光合成のメカニズムを多面的な手法により研究している。寺内良平氏（農学研究科教授）は、コムギやイネ、ソバなどの栽培食物を題材に、ゲノム解析や進化の道筋などを調べている。山口信次郎氏（化学研究所教授）は枝分かれを制御する植物ホルモン「ストリゴラクトン」を世界で初めて発見したほか、未知の植物ホルモンも探索している。

竹内理氏（医学研究科教授）は、「自然免疫」のメカニズムの解明に取り組んでいる。自然免疫とは、生体が生まれながらに備えている免疫機構のことで、一度感染した病原体に対して防御反応を示す「獲得免疫」と対になる概念だ。金久實氏（化学研究所研究員）は生命情報科学の研究者だ。「KEGG（Kyoto Encyclopedia of Genes and Genomes）」と呼ばれる生命情報データベースを開発し、18年にはクラリベイト・アナリティクス引用栄誉賞を生理学・医学部門で受賞した。

北川進氏（高等研究院特別教授）は、表面に微細な穴が無数に開いた「多孔性配位高分子」を開発している。想定用途は、水素や二酸化炭素など、分子サイズの小さな気体の貯蔵。燃料電池の普及や二酸化炭素排出抑制につながると期待されている。研究成果は高く評価され、10年にはトムソン・ロイター引用栄誉賞を化学部門で受賞した。

免疫学に強い大阪大学

大阪大学では、HCR6人中3人は免疫学が専門だ。審良（あきら）静男氏（免疫学フロンティア研究センター特任教授）は、「自然免疫」の研究を世界で牽引した一人だ。2008年には、トムソン・ロイター引用栄誉賞を生理学・医学部門で受賞した。加藤博己氏（現ボン大学）は、かつて審良氏の研究室に在籍していた。

坂口志文（しもん）氏（同センター特任教授）は、過剰な免疫反応を抑えるブレーキ役の「制御性T細胞」を発見したことで世界的に知られる。15年にはその功績が評価され、トムソン・ロイター引用栄誉賞を生理学・医学部門で受賞、ノーベル賞受賞も期待される。

阪大は、国内の免疫学研究の一大拠点である。日本の免疫学は世界的にも注目されており、「免疫学」分野で日本の高被引用論文本数は世界8位。阪大は、国内研究機関別で1位だ。

化学分野からも2人の研究者が選出された。茶谷直人氏（工学系研究科教授）は、有機金属錯体の特性を利用して、新しい触媒反応の設計・開発を行っている。

三浦雅博氏（同研究科教授）も類似のテーマを研究している。10年に日本人研究者2人がノーベル化学賞を受賞した「クロスカップリング反応」を発展させる研究に取り組む。クロスカップリング反応には高価な金属触媒が不可欠とされていたが、安価な銅を用いた反応などを研究している。

関谷毅氏（産業科学研究所教授）は、東大の染谷氏らと共同で「有機エレクトロニクス」の研究開発に取り組む。厚さ6ミリメートル重さ24グラムの、額に貼るだけで脳波を測定可能な「パッチ式脳波センサー」などを開発する。

名古屋大学のＨＣＲは３人。伊丹健一郎氏（理学研究科教授）は、新規ナノカーボン物質の合成で顕著な実績がある。カーボンナノチューブ（ＣＮＴ）は、軽量・強靭で導電性も高く次世代の材料として期待されているが、産業応用に課題がある。伊丹氏は、２００９年にＣＮＴの最小構成単位である「カーボンナノリング」を作製、純粋なＣＮＴの合成に成功した。さらに17年には、大量生産につながる「カーボンナノベルト」の合成に世界で初めて成功した。

物理学分野の野尻伸一氏（理学研究科教授）は、宇宙の70％余りを占めるとされる「暗黒エネルギー」や、強い重力で光さえ脱出できない「ブラックホール」の解明を目指している。

植物科学分野の榊原均氏（生命農学研究科教授）は、植物の茎・葉と根が、どのような分子を介してどうコミュニケーションしているのかを研究する。

東京工業大学からも、３人のＨＣＲが選出された。その筆頭は細野秀雄氏（元素戦略研究センター特命教授）だ。２０１３年にトムソン・ロイター引用栄誉賞を受賞し、毎年のようにノーベル物理学賞の候補に挙げられる。大きな功績は3つ。酸化物のIGZO（インジウム・ガリウム・亜鉛・酸素からなる酸化物）を用いて薄膜トランジスタ（TFT）を開発したこと。絶縁体である酸化物を操作し、半導体や金属、超伝導を実現したこと。鉄系の素材で超伝導を発見したこと。神谷利夫氏（科学技術創成研究院教授）も細野氏と研究室を共にしている。

化学分野の前田和彦氏（理学院准教授）は、太陽光エネルギーで水から水素を分離する「光触媒」の研究に取り組む。

九州大学のHCRは2人。安達千波矢氏（工学研究院教授）は、次世代の有機EL発光材料の研究開発に取り組む。大気科学や地球科学を専門とする竹村俊彦氏（応用力学研究所教授）は、気候変動やエアロゾル（大気中の浮遊粒子状物質）が研究テーマだ。

北海道大学と岡山大学からは1名ずつが選出。北大の橋本大吾氏（医学研究院准教授）は、白血病などに対する造血幹細胞移植を今よりも安全かつ有効に実施するため、移植と免疫の関係について研究。岡山大の馬建鋒氏（資源植物科学研究所教授）は、植物のミネラルが不足したときのストレス耐性の仕組みを研究している。

萱原正嗣（かやはら・まさつぐ）
フリーランスのライター・編集者。サイエンスやテクノロジーを、わかりやすく「翻訳」して伝えることを得意とする。理系ライター集団「チーム・パスカル」所属。

「土地」の簿価は約9000億円！

東京大学に試される資産運用力

海外のトップ大学では、資産運用の成果を、研究費の捻出や学費負担の軽減につなげている。では、東京大学の場合はどうか。

2018年度の財務諸表を見ると経常収益（収入）は運営費交付金が762億円と費用の3割程度となっている。受託研究費と共同研究費の総額は、470億円と柱の1つである。ただ利息収入などの財務収益は10億円程度と少ない。このほかに東大基金の運用益があるが、18年度の運用益は2・4億円にとどまっている。

一方、総資産は1兆4245億円。内訳を見ると、約6割の8864億円が、「土地」だ。

東大は、東京都文京区の本郷キャンパスなど都内の一等地に広大な土地を有しているだけでなく、研究所や演習林など全国各地に多く土地を持つ。ただ、こうした資産を有効に活用していないとして会計検査院から過去に改善を求められたことがある。

しかし17年4月の法改正で、国立大学法人が保有する土地の一部を認可を得て第三者に賃貸できるようになった。

これを受けて東大は18年に、三菱グループ（三菱地所、三菱UFJ銀行など）や三井グループ（三井不動産、三井住友銀行など）と相次いで資産活用企画に関する協定を締結。今後、不動産の有効活用が図られるものと期待されている。


（宇都宮　徹）

Interview

技術者ばかり育てても社会はよくならない

日本学術会議 会長
京都大学 総長
山極壽一

撮影：今井康一

INTERVIEW

技術者ばかり育てても社会はよくならない

日本学術会議　会長・京都大学　総長・山極壽一

世界大学ランキングに見られるように、研究力の低下が叫ばれる日本の大学。日本の研究界の代表機関である日本学術会議の山極壽一会長に、大学の研究力をどう捉えているのか聞いた。

――世界における日本の理系大学のポジションをどう見ていますか。

世界で有名な研究型の理系大学といえば、米マサチューセッツ工科大学（ＭＩＴ）や独カールスルーエ工科大学（ＫＩＴ）、独ミュンヘン工科大学などだ。これらはＳＴＥＡＭ（「Science（科学）」「Technology（技術）」「Engineering（工学）」「Art（芸術）」「Mathematics（数学）」）と呼ばれる理系、芸術の分野だけでなく人文科学や社会科学も教養あるいは専門教育として教えている。理系の学問を研究するには総合的な知識も必要だ。

日本でも東京大学や東北大学、京都大学など、理系の研究が進んでいる総合大学は人文社会系の学問を軽視していない。とくに東京工業大学は教養科目でしっかり人文社会系を教えることで有名だ。

――なぜ理系の研究が進んでいる大学は人文社会系の学問も重視するのでしょうか。

技術が先導する社会の危うさが浮き彫りになりつつあるからだ。ＧＡＦＡ（グーグル、アップル、フェイスブック、アマゾン）の経営者のように、技術者が社会の頂点に立つという風潮が顕著になってきているが、それに対する反省が世界で広がっていると思う。

嘆かわしいのは、日本の小中学生・高校生が先端的な科学技術の目立つトピックだけに着目している点。技術は人間や社会のためになるもの。人間と社会はいったいどんな存在なのか、どういう未来が開けているのかということを前提にしなければ、技術は使えない。

低学歴社会に向かう日本

――教養教育で学問の基盤となる土台をつくっていく必要があるということですね。

そうだ。危ぶんでいるのは、日本が低学歴社会になりつつあるということ。大学院の博士課程に進学する学生が減少し続けている。ほかの先進国とは逆の傾向だ。

これからはモノや金ではなく知識を集約し、それを使っていかに新しい価値を創造するかということが重要になってくる。総合的な学識を基に、独創的な考えを紡いで論文に仕上げるという修練を積んだ人でないと、これからの知識型社会には対応できない。

今はデータサイエンスやビッグデータなど情報処理能力ばかりが注目されているが、技術者ばかりを育てても社会はよくならない。データをどう扱うかをきちんと考える識者が必要だ。

――博士課程に進んでも、その後の出口が見つかりにくいという問題があります。

それを解消するためには企業のマインドと戦略を変えることが重要だ。4月入社の一括採用、年功序列、終身雇用という古くからの慣習がまだ企業に残っている。

日本は大学院の授業料を学生が払わなくてはならない。修士・博士課程を合わせて最低5年間かけて学位を取っても、学士と同じ初任給で済むとしたら、早く就職してしまおうと考える学生が増えてくるのは当たり前。博士号を取れば自分の能力や専門を生かせる職場に直接配置されるという採用を行えば、博士課程に進学するモチベーションが高まるだろう。

海外では、博士課程に進む学生は特別な扱いを受ける。米国では大半の学生が奨学金をもらい、欧州では授業料免除だ。日本は産業界と大学の仕組みを両方変えなければならない。

——大学は産業界とどのように連携すればよいのでしょうか。

大学は地場の中小企業と組んで街を育てていくという発想が必要だ。中小企業にこそ、研究の種や技術が眠っている。中小企業と大学を結び付ける仕組みを考えなくてはならない。参考になるのは日本と同じく中小企業が多いドイツのモデルだ。

ドイツでは、72あるフラウンホーファー研究所に資金提供しているのはほとんどが中小企業で、政府も助成金を出している。研究所はすべて大学の近くにある。大学も研究者や学生を研究所に送り込んで人材交流を図っている。

文部科学省中央教育審議会の答申「2040年に向けた高等教育のグランドデザイン」の中で、評価に値するのが「地域連携プラットフォームの構築」だ。この仕組みを利用すれば大学発ベンチャーも企業に浸透するだろう。

将来、大学はコミュニティーの中心になるべきだ。47都道府県に少なくとも国立大が1校以上あるのは日本の強みになる。知識の集積を行ってきた大学を国民がもっと利用する仕組みをつくればいい。

——日本の研究費は結局のところ足りているのでしょうか。

運営費交付金を削減したことが、研究者と研究時間の減少につながり、日本の研究力が落ちた。今、理工系の研究現場に必要なのは、最先端の設備と研究支援者だ。企業の研究開発費には税制優遇措置がとられているはずだから、それを日本の研究費に還元できるような提案を官主導でやればいい。

そもそも研究者個人の競争にせずに、組織の競争や組織の貢献度に補助金を与えてしまっているのが間違い。運営費交付金、科研費が上がれば論文数は増える。しかし補助金を増やしても国際シンポジウムなどの雑務が増えるだけで研究力の向上につながらない。

研究費の使い方、研究者の処遇のあり方をもっと柔軟にすべきだ。任期付きの研究職の採用期間延長は5年ではなく7~10年くらいにしてもいい。そして、独自に研究をする環境を与え、所属に限らず自由に研究ができるようにすることが必要だ。そうすれば女性研究者も出産と育児で研究をあきらめることがなくなる。

——一方、研究費の使い方や「研究倫理」についてどう考えますか。

問題点は2つある。1つは、研究者が研究費を獲得し、業績を上げないと昇進できないギリギリの状態にさせられていること。

もう1つは、大学の公共意識が落ちていること。教員の中には、ある会社の利益誘導をして学生を送り込むという、間違った方向に向かっていく者も出てきているのではないか。給料は下がっているし、研究費もないから利益を求めてしまう。本来、大学、とりわけ理系の分野は利益を求めず、思い切った実験をできるのが魅力だと思う。

（聞き手・常盤有未）

山極壽一（やまぎわ・じゅいち）

1952年生まれ、87年京都大学理学博士。京都大学大学院理学研究科長・理学部長などを経て2014年から京都大学総長。17年から現職。専門は霊長類学（ゴリラ研究）。

東理大、芝浦工大、電機大、工学院大、都市大、千葉工大

人気が高まる都心の理工系大

人口の増加が続く一方、文部科学省が進める定員管理の厳格化の影響で逆風も吹いている都心部の大学。そんな中でも、理工系大学の人気は増している。2019年の入試では都心部にある主要な理工系大学の志願者数が前年比で2桁の伸びを見せた。都心部に拠点を持つ理工系大学の実力と取り組みを探った。

大規模再編進む理科大

私学随一の理工系総合大学、**東京理科大学**。実力を備えた学生のみを卒業させる徹底的な「実力主義」を貫いてきた。現在も指定された科目の単位取得が進級の条件と

なる「関門制度」が存在する。

その背景を岡村総一郎・副学長は「プロフェッショナルとして実力を発揮できる人材を育てることが大学の意義。世の中の問題を考えるときには高い基礎力と応用力の両方が求められる」と説明する。

これまで中学・高校教員を年間100人規模で輩出するなど教員養成に強みを持っていた同大学。しかし今後は国際的な競争力を強化するため「学際的な研究強化とイノベーション創出にシフトしていく」という。

改革の目玉となるのは大規模な学部再編とキャンパスの再配置だ。

基礎工学部は先進工学部に、理工学部は創域理工学部に改称する。新学科も設置するなど、2025年まで段階的に改革を進める。

理科大は都心の神楽坂を軸に、葛飾（東京都）、野田（千葉県）、長万部（北海道）にキャンパスを展開。中でも2013年に開設した葛飾キャンパスは、一大拠点とするべく校舎の増設などを進める。

25年をメドに薬学部が野田から葛飾へ移転、都心の研究機関との連携強化を目指す。

16年に埼玉の久喜（閉鎖）から神楽坂に移った経営学部は入学志願者が増加傾向にある。21年には「国際デザイン経営学科」を新設する。1年生は全寮制の長万部キャンパスで数学と英語を集中的に学ぶ。岡村副学長は「長万部では留学生と交流を図ることを狙っている。最終的には理系的な経営思考と国際的な教養を備えた人材を育てたい」と語る。

理科大は大学全体でもデータサイエンスの研究を推進している。統計学や数学といった基礎的研究だけでなく、ゲノム解析に基づく創薬や振動センサーによる建物の損傷分析、薬効の評価や経済の予測といった応用分野まで複数の学部学科で取り組んでいる。岡村副学長は「理科大をデータサイエンスの学びの拠点にしたい」と意気込む。

芝浦工業大学は、1927年に創立。現在は東京の芝浦と豊洲、埼玉・大宮の3カ所にキャンパスがある。

2027年に迎える創立100周年までにはアジア工科系大学のトップ10（現在

は14位）入りすることを目指している。

「技術開発をはじめ、理工系分野に国境は関係ない。そう考えるとグローバルな理工系人材の育成は、これから必須」と、村上雅人学長は話す。芝浦工大は2014年に私立理工系大学で唯一、文部科学省の「スーパーグローバル大学」に採択された。留学生や外国人教員の確保など目標達成に向けてさまざまな取り組みを行っている。

具体例として、海外のパートナー大学を100校以上開拓。4年間のうちに、学生全員を必ず一度は海外に行かせることを目指す。渡航費や宿泊費は自費となるが、授業料については、パートナー大学の学生が留学してきた場合と相殺するため、新たに発生しない。

グローバル化の目玉となるのが、14年から本格的に展開しているグローバルPBL（問題解決型学習）プログラムだ。芝浦工大と、海外のパートナー大学のいずれかで実施し、両大学の学生がチームで取り組む。期間は2週間だ。

海外で物を実際に調達してみたり、模型を作ったり、ソフトを作ったりする。取り組みの成果をスライドにまとめ、英語で発表するため、「たった2週間だが著しく英語力が上昇する一方で、もっと勉強したいというモチベーションも上がる」（村上学長）。

現在、対象は3年生から大学院生までだが、1、2年生でも参加できるプログラムを作成中だ。

英語力については、学生全員がTOEICで550点以上取ることを目標にしている。20年10月からは、工学部に「先進国際課程」と呼ばれる英語で学位を取れるコースを開設。学生を海外に送り出すだけでなく、学内のグローバル化も着々と進めている。

1年からものづくり体験

東京電機大学はシステムデザイン工学部、工学部、工学部第二部、未来科学部、情報環境学部、理工学部の6学部を擁する理工系大学だ。東京・千住、埼玉・鳩山などにキャンパスを構える。1907年に東京・神田に創立された電機学校が発祥で、「実学尊重」を建学の精神としている。

2012年に東京・北千住に千住キャンパスを開設。防災機能や最先端の技術による省CO2エコキャンパスといった機能を有する都市型キャンパスだ。アクセスのよさも手伝って、電機大の志願者は増加している。

17年にはものづくりセンターが完成し、快適にものづくりの勉強ができる環境が整った。18年には情報環境学部を千葉ニュータウンキャンパスから移転させるなど中核のキャンパスとして強化を図る。

現在力を入れているのは学際教育で、1年生のときから物理、化学に加え、機械、電機と幅広く学ばせるようにした。「スマホ1つとっても、電池の軽量化、素材開発、情報技術などさまざま知識がないと理解できない」と、平栗健二・統括副学長は話す。

さらに、20年からは、1年生向けに「東京電機大で学ぶ」という科目を創設する予定だ。著名人の講義を聞いて討論したり、電機大の歴史や文化を学んだりする。ポイントは、異なる学科の学生を6人単位のグループにして勉強させる点。学際研究では多様な専門家とチームを組む必要があるため、コミュニケーション能力を養う。試験的に一部で開始したが、学生にも、教員にも好評だという。

東京・新宿と八王子にキャンパスを構える工学院大学。同大学の最近のトピックは、2019年の10月に豪州で開催されたソーラーカー・レース「ブリヂストンワールドソーラーチャレンジ」の結果だろう。

4度目の参戦で5位に入賞したことに加え、技術賞を受賞した。強風でも荒れた路面でも安定するハイドロニューマチックサスペンションを独自に開発し、ソーラーカーに載せたからだ。このサスペンションをソーラーカーに搭載したのは世界初だという。

「工学院ソーラーカー・チームは学生プロジェクトの1つ。ここに300人以上の学生が参加している。プロジェクトを通じて、技術だけでなくリーダーシップとは何かを考えてもらっている」と話すのは、佐藤光史学長。車の開発だけでなく、天候に合わせた戦略の立案、マネジメント、広報活動などさまざまな要素がある。学生は自ら考えて、役割分担を決める。

材料や設計などについて相談できる研究所「ソーラービークル研究センター」を17年に設立。そこに教員が20人ほど駐在している。大学のバックアップもあり、

19年の東京モーターショーにも展示されるほど高度なプロジェクトに育った。

学部改革にも積極的だ。11年には国内初の「建築学部」を開設。19年には先進工学部にエンジニア・パイロットを養成する「航空理工学専攻」と、素粒子や宇宙について学ぶ「宇宙理工学専攻」を開設した。

先進工学部には20年から6年一貫教育を行う大学院接続型コースを設置する。3年生から研究室に配属され、研究活動を4年間行える体制を整える。早い時期から先進技術に触れることで、実践力を持った研究開発者を育成する。

都市大は20年に学部再編

2009年、東横学園女子短期大学との統合により、武蔵工業大学から改称した**東京都市大学**。工学部、環境情報学部、知識工学部に加えて都市生活学部、人間科学部という文系学部も擁する総合大学だ。

19年10月の台風19号で世田谷キャンパスは浸水被害を受けた。図書館や国際学生寮をはじめ、多くの建物が被害を受けた。講義は行える状況になったが、なお復旧作業が続いている。

「そんな状況だが、改革は手を緩めずに進める」と話すのは、入試部の小澤亮賀氏。20年には、学部学科の新設、名称変更を実施する。学部の狙いを明確に反映させることを目的として、2つの学部を理工学部（現・工学部）、建築都市デザイン学部（現・工学部の建築学科、都市工学科）、情報工学部（現・知識工学部）に改組する。

文部科学省が補助金を出す私立大学等改革総合支援事業の5部門すべてで改革案が採択されたことも後押しになっている。

その中の1つ、グローバル化の分野では、15年からオーストラリアのエディスコーワン大学と連携して4カ月の留学プログラムを開始した。18年度からはマードック大学とも提携し、募集定員を増やした。またTOEIC600点以上の学生を対象に、ニュージーランドのカンタベリー大学で英語の集中講義と正課の講義を受講するプログラムも立ち上げた。

18年に芝浦工大を加えたアジア・オセアニア地域5大学で連合を結成。交換留学やダブルディグリー、サマーキャンプなどのプログラムを計画している。

2019年の一般入試志願者数が9万人を突破し、全国の私立大学の中で10位、理工系大学では1位となったのが**千葉工業大学**だ。私立では最古の工業大学として約1万人の大学生・大学院生が学ぶ。

千葉の津田沼、新習志野にキャンパスを構えるほか、東京スカイツリータウンにもキャンパスを置く。16年春、学部学科の改編が行われ、工学部、創造工学部、先進工学部、情報科学部、社会システム科学部の5学部17学科に生まれ変わった。大学事務局長の前田修作氏は、「理系学科をほぼ網羅した理系の総合大学」と称する。

特筆すべき学科の1つが、未来ロボティクス学科だ。機械・電気電子・情報などの工学技術を総合的に学び、ロボット開発の最先端を研究する。「1年生からロボット作りに取り組むのが特徴。当然壁にぶち当たり、知識を欲する。そうした実践をベースに理論と技術を体系的に身に付けていく」(前田事務局長)。

また、AIを搭載した自動車や家電などが登場し、ロボット採用の裾野が広がる中、設計や回路、プログラミング、制御といった工学の基礎を全般的に押さえることができるため、卒業後、活躍できる業界は幅広くなるという。

機械電子創成工学科などで学べる航空・宇宙工学も強みとする分野。ロケット関発など宇宙に関連した最先端の技術や知識を実践ベースで習得できる。

福島第一原子力発電所の事故現場調査に使われたロボット技術、小惑星探査機「はやぶさ2」で活躍した観測機器の開発など、世界中から注目される同大の研究成果。その秘密は未来ロボット技術研究センターや惑星探査研究センターなど5つの研究所にある。

一部のプロジェクトには学生が関わり、未来の技術開発を担う。「2007年にパナソニック・千葉工業大学産学連携センターを設立。未来ロボット技術研究センターと次世代家電の共同開発プロジェクトをスタートさせ、第1弾となるお掃除ロボットが2020年発売を予定している」(前田事務局長)。

一方、教育体制で興味深いのは教授陣と学生の連携だ。学生は3年生後期より研究室所属となるが、すべての研究室と教授陣のオフィスが隣接。「学生は何か疑問があれば先生にすぐ質問に行ける。日々アクティブ・ラーニングがかなう環境にある」と説明する。

また、「教職協働」で落ちこぼれを出さぬようバックアップ。単位を落とした一部学生に対して補充授業と再試験を行い、その期内で挽回できる機会を与えている。この取り組みにより、5%台だった中退率が2・5%（18年度）を切った。全学を挙げた学生支援が実っている。

設備の充実度は群を抜く

「ものつくり大学」の実践教育

21世紀が幕を開けた2001年、国や産業界からの大きな期待を受けて開学したのが、**ものつくり大学**(埼玉県行田市)だ。理論だけでなく、ものづくりに直結する実技・実務教育を重視しており、製造業や建設業で即戦力となる人材を養成する。

カリキュラムの最大の特長は実習の多さだ。実習6割に対して座学4割。それを支えているのは、元企業の技術者や職人などの非常勤講師だ。その数は300人に上る。加えて2年生で実働40日間、4年生で実働20日間(建設学科は40日間)の長期インターンシップがあり、現場での実践力を磨く。

実際に家を建てる

例えば建設学科の1年生はカンナとノミを研ぐところから授業がスタートする。実際に木を削ってみることで、素材の特性や伝統的な木材加工のやり方を覚えていく。木造建築コースを選択した場合、2年生は大工の棟梁の指導を受けながら2階建ての木造住宅、3年生は宮大工の指導で東屋を建てる。

ものつくり大は充実した設備でも有名だ。企業からの実験や計測や研究の依頼も多い。

中でも、設備の充実度で圧倒されるのは総合機械学科だろう。3階建ての製造棟の1階は実習のスペースになっている。そこにレーザー加工機やマシニングセンタといった工作機械や、測定器など実際の製造現場で使用される機器がそろっている。例えば、「機械工作および実習C」の授業では、1人1台の環境で旋盤、フライス盤などの加工機械を操作する。

総合機械学科で集大成となるのは3年生5人でチームを作って臨む「創造プロジェクト」だ。内容は世の中にニーズがあると思われるものを実際に製作するというものだ。

これまでに「スマホが熱を持ったときに対応する冷却器」「車間距離が狭くなると警報が鳴る警報装置」などが製作された。入学から3年で、イメージしたものを実際に作れるレベルに達している。

設立から20年足らずにもかかわらず、大企業に多数の人材を輩出。就職率は90%台後半に達している。実際にものづくりをすることで培われた生きた知識とスキルが、企業に高く評価されている。

（ライター・竹内三保子）

「ものつくり大学」の実践教育

撮影：今 祥雄

大手メーカー並みの設備が並ぶ(上)。企業からの委託実験。鋼管に炭素繊維を巻き付けている(下)

会津大、滋賀大、武蔵野大、東洋大

最先端の理数系教育

テクノロジー、とくにITの領域は変化が激しいのが特徴だ。理工系大学には、この変化に対応する最先端の教育が求められる。中でも注目すべき大学をピックアップ、教育の実態に迫った。

会津大学　英語でICTを学ぶ

福島県会津若松市にある公立単科大学にもかかわらず、「とがった理工系大学」として広く知られているのが**会津大学**だ。小惑星探査機はやぶさ2プロジェクトに教授と学生が参画。NTTデータ、ディー・エヌ・エーなど、そうそうたる企業に優秀なエンジニアを毎年、輩出し続けている。

入試からしてとがっている。最も受験者が多い試験方式は、センター試験の科目が理科のみ、2次試験は数学と英語だけというもの。「だから見かけの偏差値は低くなる。平準的な学生よりも、とがった人材を育てたい」と宮崎敏明・コンピュータ理工学部長は語る。

開学は1993年。他大学との差別化を図る意味で「ICT（情報通信技術）に特化する」をコンセプトに選んだ。学部は「コンピュータ理工学部」の1つだけ、さらに学内の公用語を日本語と英語にしたのが特徴だ。「国際的に通用する人材を育てたい」との思いもあったが、当時はICTを教えられる人材が国内では足りず、海外から優秀な教員を集める必要があったことも大きい。

幸運もあった。開学直前に冷戦が終結。旧ソ連にはICTの専門人材があふれており、彼らの多くが会津大の教員公募に手を挙げたのだ。「優秀な彼らが研究を続けることで会津大の名が広まった。今も教員の約4割がロ、中、英などの外国人だ」（宮崎学部長）。

カリキュラムもユニークだ。1年生は数学と英語、コンピュータ理工学の基礎から徹底的に教える。学部では最新のプログラミング言語より前に、C言語やユニックスといったオーソドックスなコンピューターの基礎を身に付けさせる。

IoTやVR（仮想現実）などトレンドの技術も学ぶが、「それが本質的にどのような技術で支えられているか」といった根幹を捉えさせる教え方をしている。宮崎学部長は「ICTの世界は進化が速いからこそ、ただ技術を追うだけでは間に合わない。しかし、根っこをつかんでおけば、激しい変化にも知識の応用とアップデートで対応できる」と狙いを説明する。

1年生から実習や研究に参加できる「課外プロジェクト」や「ベンチャー体験工房」も用意している。「月惑星データ解析」や「人工知能を搭載したラジコンの開発」など実践的テーマで研究室に入り込み、プロジェクトを体験する。

教育インフラも充実。約1000名の学生に対し、約3000台の多様なコンピューターを備える。こうした魅力ある環境だからこそ優れた理系人材が巣立つ。地方公立大学にもかかわらず、県外出身者は61％に上る。

最近では卒業生が起こしたベンチャー企業や会津若松市に数百名規模の拠点を設置したアクセンチュアとの連携を深めて、データサイエンスの実証実験なども進める。

一方で、開学から26年が経過し、「とがった人材がかつてより目立たなくなってきた」という反省もある。そこで始めたのが異才発掘型のオナーズプログラムだ。研究室への早期配属や、興味を持ったことにチャレンジするための活動費の支給といった支援を行う。宮崎学部長は「天才的なプログラマーも多いので、どんどん飛び級させ育てていきたい」と意気込む。

滋賀大学　国内初の学部を設置

2017年に日本初のデータサイエンス学部を設置したことで注目を集めたのが**滋賀大学**（彦根市）だ。

「米中に比べ、日本はデータサイエンス分野で遅れている。社会人のスキルを向上させると同時に学部教育が急務」と学部長・研究科長の竹村彰通教授は語る。入学者は理系・文系を問わない。「データサイエンスは金融から小売り、医療、スポーツまで幅広い分野で活用できる。文理両方の素養が求められる」（竹村学部長）。

2年生のある学生は理系出身。「コンサルタントになりたいので根拠ある提案力が身に付くと思い選んだ。入学後、いろんな職種に進めることがわかった」と話す。

1、2年生は統計学と情報工学の基礎的知識を身に付けた後、応用分野におけるデータ分析の実例を学ぶ。3、4年生では具体的なデータ分析手法を学び、実際のデータを使った演習を積み重ねる。

実業界と連携した演習

とくに3年生のゼミは実業界との連携が目立つ。あるゼミでは滋賀を中心にスーパーを展開する平和堂と共同研究を実施。別のゼミではマーケティング支援事業を手がけるインテージホールディングスと電通の協力による授業を展開。チョコレートを購入した客の属性や購入場所、競合ブランドの把握といった、実データを用いて分析する演習や成果発表会を行っている。

学外での研修も充実している。2月には彦根商工会議所と日本貿易振興機構の協力を得て、2年生5人が教員2人とともに、中国・深圳のベンチャー数社を訪問し、南方科技大学の3年生と交流する「深圳バレー・ツアー」に参加した。

夏季休暇を利用して企業でデータ分析を行うインターンシップも実施し、今夏は20社以上に、3年生39人、2年生7人が赴いた。参加した3年生の学生は「グループワークやスライドの発表などの体験を積むことができた」と話す。

竹村学部長は「チームで取り組むことでコミュニケーションスキルはもちろん、プレゼンテーションスキルも身に付く。外部との連携で、実践力が高まるだけでなく、就職や起業に対するイメージがつかみやすくなる」と説明する。

19年4月には大学院の修士課程を開設。企業から派遣された者など23人が入学した。19年9月には博士課程の設置認可も下り、学部から博士課程まで、データサイエンスの一貫した教育体制が日本で初めて完成する見通しだ。

武蔵野大学　私大でデータサイエンス

データサイエンス学部を設置する動きは関東にも広がった。２０１８年に設置した横浜市立大学に続き、１９年４月には東京にある**武蔵野大学**に国内３校目、私立大初となるデータサイエンス学部が開設された。

武蔵野大では文系科目のみでの受験も可能だ。「本学部の目的はイノベーションを起こせる人材の養成。そのために多種多様な学生の議論が求められる。数学が苦手な受験生にも門戸を広げ、多くの生徒に来てもらいたかった」と上林憲行学部長は述べる。

講義はグループワークが基本だ。教室には複数のプロジェクターが設置され、投影画像を見ながら進行。教員は課題を与えるが、学生が能動的に学修を進め、発表する。成果物が評価の対象になり、期末ごとの試験は行わない。リポートはビデオ形式で提出するため、学生はおのずと手を動かし、資料の作り方、効果的な発表方法を学ぶ。またチャットツール「Ｓｌａｃｋ」を導入するなど、議論を助ける環境も整備している。「グループごとに打ち合わせやオンライン会議をする。教員も見ていて、チャット上でレスポンスをすることで、距離の近さを感じるようだ」（上林学部長）。

1年生でもアウトプット

講義では国内外で活躍するデータサイエンティストから、実際に行われているデータ活用のアイデアやスキルを学ぶ。具体的にはアルゴリズムとデータ分析、データ分析ツール、ビジュアライゼーションなどだ。これらを各学年でその都度、総合的に教えることで、早くからアウトプットを行えるよう設計した。

1年生の後半からは実社会の課題をプログラミング言語のパイソン、ＩoＴ、ＡＩを使い解決する「未来創造ＰＪ」も始まる。少人数のゼミ形式で企業との共同研究や官公庁からの委託研究に携わるといった内容だ。

2年生後半からは、目指す進路を想定し、「ＡＩクリエーションコース」「ＡＩアルゴリズムデザインコース」「ソーシャルイノベーションコース」の3つの専門コースに分かれて履修する。「メインとサブの2コースを履修し、実践力を身に付けてほしい」（上林学部長）。

19年6月時点で資料請求の数は18年の10倍近く。21年には、先進的なAI教育・学修環境と、学生と教員が相互作用する環境を完備した新校舎「スマートインテリジェンスキャンパス」が東京の有明に完成する見通しだ。

東洋大学　最先端のIoT技術

イノベーションを創出し、社会的課題を解決する「ソサエティー5・0」の実現、「5G」到来など、新たな社会を支える人材の育成のため、東洋大学が17年に東京・赤羽台に開設したのが情報連携学部・情報連携学科（INIAD）だ。

「情報教育を中心とした学部で、高いレベルで『文・理・芸』の融合のあり方を研究し、実践教育を行うのが目的」（坂村健学部長）

さまざまな科学技術により社会が成り立ち、多くの人々との協力が求められる時代。

そこには文理だけではなく、ＵＩ（ユーザーインターフェース）の開発など、芸術的な素養も求められる。同学部では「連携」をコンセプトに、これらについて学ぶ。

２年生はプログラミングを中心としたコンピューターサイエンスを重点的に学ぶとともに、「エンジニアリング・コース」「デザイン・コース」など4コースに分かれ、実践的な演習を行う。３年生はコース横断型の実習をし、４年生は研究室で専門性を高める。

手を動かす実習が多い

例えばエンジニアリング・コースでは、クラウドシステムと連携可能なモデルカー「Ｔ-Ｃａｒ」を使って自動運転のプログラムを組むなど、ＩｏＴシステム全体を構築する演習が行われる。

年度ごとに共通テーマがあり、１９年度は東京オリンピック・パラリンピックで活用できるシステムの開発がテーマだ。「訪日客が迷わないよう誘導するシステムや、アニメを使った競技のガイドなどをチームごとに考えている」（坂村学部長）という。

ＩＮＩＡＤでは、知識を受け取る講義はネットワークのオンライン教育システム「ＭＯＯＣｓ（ムークス）」を通して行う。教室では教員や学生間の対話型の授業や手を動かす実習が多い。

校舎には最先端のＩｏＴ技術が詰め込まれている。設備や機器がネットワーク接続されていて、学生も自らプログラムすれば、それらをコントロールすることができる。また、利用階をスマートフォンにあらかじめ入力しておけば、エレベーターの前に立つだけで、自動制御で移動することや、室内に外光が差し込むと自動でブラインドが下がり照明がつくようにすることなどが可能だ。

１期生の卒業が迫る中、起業の専門家を紹介したり、シェアオフィスを提供したりする制度も始める計画だ。大学院や学部の編入制度を整えることで、社会人のリカレント教育も推進する。

（ライター・箱田高樹、大正谷成晴）

今後ノーベル賞受賞者は激減？

日本の研究力は危機的だ

ノンフィクションライター・岩本宣明

旭化成の吉野彰氏のノーベル化学賞受賞が決まり、学術界は祝賀ムードに包まれた。1949年の湯川秀樹博士の初受賞以降、ノーベル賞を受賞した日本出身者は28人となり、日本は堂々のノーベル賞大国だ。ことに、自然科学部門（生理学・医学賞、物理学賞、化学賞の3賞）では2000年以降受賞ラッシュが続いており、吉野氏の受賞でその数は24人に増える。米国に次ぐ堂々の第2位だ。

しかし、日本の研究力は地盤沈下を始めており、その未来に希望を持つ人は少ない。林業に例えるなら、生活に貧して先達が植えた木を伐採するだけで、次世代に向けた植林をおろそかにしているのが今の大学だ。近年の受賞ラッシュは、過去の遺産である。

ノーベル賞の京大

ノーベル賞は国や研究機関の研究力を示す指標の1つに数えられ、受賞者が多いほど研究力は高いと評価される。例えば、研究力のみを指標として世界の大学をランクづけしている上海交通大学の「世界大学学術ランキング」は、卒業生や在籍研究者の受賞者数を、ランキングの指標のひとつとしている。もちろん、出身者のノーベル賞受賞者数と研究力は同値ではない。それを踏まえたうえで、ノーベル賞を指標とした日本の大学の歴史的な研究力を見てみよう。

学部の出身校別で見ると、京都大学が8人で他を圧倒し、5人の東京大学、3人の名古屋大学がこれに続く。複数受賞者を輩出したのはこの3大学だけだ。初受賞の湯川博士と2人目の朝永振一郎博士（65年）は京大の同級生。自然科学部門では、東大卒の江崎玲於奈博士（73年）を挟み、4人目も京大の福井謙一博士（81年）で、「ノーベル賞の京大」というイメージはこの頃までに醸成された。

研究者の多くは、出身校にとどまって研究を続けているわけではなく、出身校と授賞理由の研究を行った研究機関とは異なる場合が多い。授賞理由となった研究当時の在籍研究機関で見ると、京大が6人でこちらも他を圧倒。名大、東大は各3人。筑波大学（旧東京文理科大学）、北海道大学、北里大学がそれぞれ1人で、日本の大学で研究しノーベル賞を受賞したのは計15人。残りの9人は、研究当時海外の大学・研究所か国内企業の研究所に在籍していた。

ちなみに、京大出身の野依良治博士と赤崎勇博士は名大での研究成果が、名大出身の小林誠博士と益川敏英博士は京大での研究成果が授賞理由となっている。出身校にとどまってノーベル賞を獲得したのは京大の湯川、福井、本庶佑、東大の小柴昌俊、大隅良典、名大の天野浩、北大の鈴木章の各氏で、24人中7人にすぎない。

ノーベル賞受賞者が授賞理由の研究をした時期と受賞年にはおおむね25年のタイムラグがある。今の受賞ラッシュは、1975年から90年代前半ごろまでの研究が評価されてのことだ。その時期、高度成長を遂げた日本は、石油危機を乗り越え、バブル経済へと向かっていた。世界第2位の経済大国となった日本が、その栄華を誇っていた時代だ。

後にノーベル賞を得ることになるこれらの研究は、豊富な研究資金と身分が保障された研究環境に支えられていた。受賞者は遅くとも30代前半までに、大学や研究機関で安定した研究職を得て研究に没頭している。例外はない。

京大が最多 ―ノーベル賞（科学3賞）の受賞者の出身大学（学部）―

大学名	生理学・医学賞	物理学賞	化学賞	人数
京都大学	利根川 進(1987) 本庶 佑(2018)	湯川秀樹(1949) 朝永振一郎(1965) 赤﨑 勇(2014)	福井謙一(1981) 野依良治(2001) 吉野 彰(2019)	8
東京大学	大隅良典(2016)	江崎玲於奈(1973) 小柴昌俊(2002) 南部陽一郎(2008)	根岸英一(2010)	5
名古屋大学		小林 誠(2008) 益川敏英(2008) 天野 浩(2014)		3
東京工業大学			白川英樹(2000)	1
東北大学			田中耕一(2002)	1
長崎大学			下村 脩(2008)	1
北海道大学			鈴木 章(2010)	1
神戸大学	山中伸弥(2012)			1
徳島大学		中村修二(2014)		1
山梨大学	大村 智(2015)			1
埼玉大学		梶田隆章(2015)		1

（注）カッコ内は受賞年

空洞化する博士課程

しかし、四半世紀が経過し、日本の大学の研究環境は様変わりした。国立大学の研究開発費は90年代半ばからほとんど増加していない。2000年を基点とした主要各国での大学の研究開発費の増減を比較すると、中国の14倍、韓国の4倍、米国の2・3倍に対し、日本はわずか1・1倍だ。

研究者が研究に費やす時間も激減している。科学技術・学術政策研究所の調査によると、02年には職務時間の46・5%が確保されていた研究時間は13年には35%にまで減少した。研究費の枯渇で人員補充がままならず、学生指導や事務作業の負担が増えたことなどが原因だ。研究者の多くは「カネがない、忙しすぎて研究している暇がない」と悲鳴を上げている。

一方、国から各大学に補助される基盤的な研究費が削減されているため、科学研究費補助金などの競争的資金への依存度が高まっている。その申請や報告の事務作業のために研究時間を奪われている。

さらに競争的資金は、応用研究や開発研究など成果が期待できる分野のほうが獲得しやすいため、成果が出るかわからない基礎研究に自由に取り組むことが難しくなっている。人類に福音をもたらす、ノーベル賞級の研究の大半は基礎研究であることを考えると、未来の社会にとって、深刻な事態だ。

もうひとつ深刻なのは、身分が不安定な研究者が激増していることだ。多くの大学や研究機関で助教や研究員のポストが不足し、大学院博士課程修了者のうち、身分が保障された研究職の地位を得る者は全体の7%にすぎない。残りは、研究職を諦めて企業に就職するか、身分が不安定な任期付きの研究職に甘んじるほかない。3～5年置きに次の職場の心配をしなければならない環境では、研究に没頭することなどできない。

大学には40歳を過ぎても任期付きの研究職を渡り歩く人であふれている。先輩の辛酸に接し、研究者を志し博士課程に進学する学生の数は激減している。理工学系では、その数はピーク時の半分以下になっていると推測される。博士になっても研究を生涯続けられる可能性が著しく低いからだ。

修士課程の学生の多くは博士課程進学を躊躇し、優秀な学生ほど科学者になる夢に見切りをつけ、就職する傾向が顕著になっている。博士課程は進学者数の減少だけではなく、学生の質の低下も深刻で、空洞化が始まっている。

ノーベル賞級の研究が次々と実を結んでいた70年代から90年代までとは様変わりし、日本の大学は疲弊している。研究資金と時間は枯渇し、現場には明日の仕事を心配する研究者があふれ、未来を担う研究者の卵を育成するはずの博士課程は空洞化している。

このまま放置すれば、遠くない未来に、ノーベル賞受賞者はおろか、科学者自体が日本から消えてしまうおそれがある。

岩本宣明（いわもと・のあ）

著書に『新聞の作り方』、『新宿リトルバンコク』、『ひょっこりクック諸島』など。近著に『科学者が消える　ノーベル賞が取れなくなる日本』（東洋経済新報社）。

豊田工業大、福岡工業大、神奈川工科大

キラリと光る工業大学

教育ジャーナリスト・小林哲夫

地方を中心に元気な工業大学が少なくない。そのいくつかを紹介していこう。

大学の名称からトヨタ自動車の技術者を養成する機関かと思われることもあるのが**豊田工業大学**だ。

しかし、それは正確ではない。卒業生には、ホンダや日産自動車の技術者になった者もいる。総合商社、情報通信やインフラ関連に就職した者もいる。ただ大学では、トヨタの技術、生産管理、経営方式を学ぶことができる。

豊田工大では、入学時にものづくりのメンタリティーを培う教育を行う。例えば

1年生は全寮制で自炊生活をする。工学部の齋藤和也教授は、「料理は工学に通じる。ものを作って人に喜んでもらうという意味では工学の基本であり、学生に身に付けてほしいこと。寮生活ではさまざまな問題点を見つけ、お金をかけずに効率的に解決させるようにしている。企業の生産ラインに入って働くことも必修としており、ものづくりの大変さを体験させている」と語る。

創造性を育む

2年生までは工学の基礎として機械、電子情報、物質などさまざまな分野を学ぶ。企業が、垣根を越えた幅広い知識や技術を持った人材を求めているからだ。3年生になると主専攻に分かれ、企業の技術開発の現場でも実習を行う。

豊田工大は「創造性開発」を重視したカリキュラムを整備し、例えば、創造性開発セミナーでは、赤、青、黄色の3色のビー玉を色ごとに分ける機械を作るといった実習を行う。センサーによる識別など、学生は工夫を凝らす。「こうした実習の中ですばらしいアイデアが生まれるかもしれない」。齋藤教授は学生に期待する。

そして、「今の学生は企業に入っても指示待ちで自分から何かを始めない。それが日本の工学の力を弱めているし、イノベーションが生まれない。課題発見能力、創造力を身に付けた硬派系学生を育てたい」（齋藤教授）と力説する。

さらに、企業の開発現場でたびたび起こっている不正を防ぐために、大学ではしっかりと教養を身に付けさせている。哲学や倫理を学ぶ科目が必修となっている。「頭でっかちで、ベンチャーで金儲けしたいというのも困る」（齋藤教授）。技だけでなく心も育てる大学だといえるだろう。

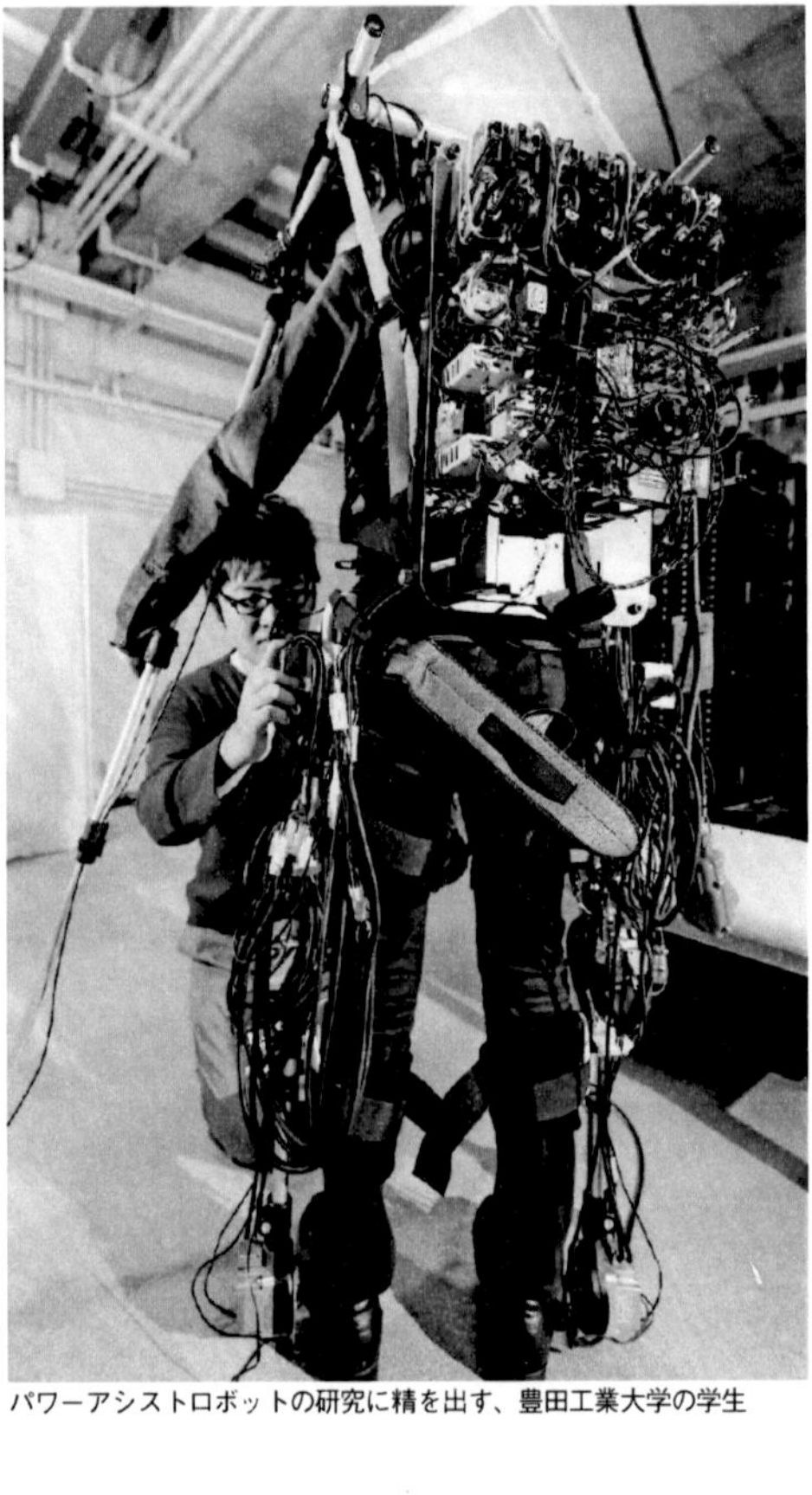

パワーアシストロボットの研究に精を出す、豊田工業大学の学生

「志願者が増えない。このままでは先行きが見えない」。大きな危機感を持ち、そこから教員、職員が一丸となって底力を発揮した大学がある。福岡工業大学だ。

志願者数は2006年の3313人から13年連続で拡大、19年は初めて1万人を突破した。その要因として、大学は、「教育力、研究力、就職力、地域貢献」の4つを挙げる。その1つ、就職力について下村輝夫学長は、「就職は教育の一環という考えの下、早い時期から教員と職員が学生一人ひとりに丁寧に指導している。就職率も高く、それが地元の高校に伝わり面倒見のよい大学として評価されている」と語る。高校時代に学力や意欲の面で心配されていた生徒が有名企業に就職して、驚かれることも少なくない。

実際、就職活動へのサポートは手厚い。面接試験などを受けるための交通費を、1回につき最大3・6万円、2回まで支給する。

研究力の面でも、医療機器にAIの要素を取り込む研究を行う。「内視鏡手術において良好な視野が得られないとき、医師が誤認すると医療ミスにつながるおそれがある。そこで、熟練した医師の手術をAIが学習し、モニター上で手術の部位をガイドするシステムを開発、実用化させた」（下村学長）。工学分野ではほかにもＡＩによって続々と新技術が誕生しているが、下村学長はこうも話す。

「工学の基礎、すなわち、ものづくりはコンピューター画面上ではなく、実物に触れ手先で覚えていくことが重要。マイスターのような気質があればいい。独創性は肌感覚から生まれるということを学生に伝えていきたい」

自動運転の最先端を研究

「自動車工学なら神奈川工科大学がいい」。このような評価が地元、神奈川県内の高校から寄せられている。同大学では、短大、専門学校のように自動車整備士を育成するわけではない。自動車そのものを、最先端技術を駆使して研究、開発している。

創造工学部自動車システム開発工学科の井上秀雄教授は自動運転の研究に取り組む。井上教授はトヨタで３０年近く車両制御の開発を担当していた。大学では高齢者の身体能力の衰えをカバーする知能を備えた自動運転システムに取り組み、安全性を追求した研究をしている。

自動運転は、センサーで見えるものを検出し、ブレーキやハンドルの操作を行う。「それをベースに見えないものも予測し、自動運転に反映させる研究を進めている」（井上教授）。例えば停車中のバスの横から急に人が出てくるケースを予測して自動車の制御に反映させる。タクシードライバーなどが経験した事故につながりかねないケース14万件を分析し、予測技術を研究している。これは世界でも例がない。

神奈川工科大は教育面でも工夫を凝らす。情報学部に、メディア工房、ネットワーク工房、ソフトウェア工房を設置し、学生が24時間、自由に創作活動をすることができる。「学生が主体的に集まり、最先端の研究を行っている。条件を満たせば単位認定もする」（同学部の松本一教教授）。一方で、教育専従講師が、基礎科目を十分に理解していない学生を丁寧に指導したり、上級生が下級生に教えたりする制度もある。

「就職支援では、就活がうまく進まない学生に業界団体の関係者が助言するなど、十分なフォロー体制を敷いている」（松本教授）

福井工業大学には、工学系では極めて少数派の学科がある。工学部の原子力技術応用工学科だ。原子力と名が付く学科は、ほかに、東海大学工学部原子力工学科と東京都市大学工学部原子力安全工学科しかない。日本の原発政策についてさまざまな議論があるが、廃炉するにしても専門家が必要で、実際、原子力系学科出身者のニーズは高まっている。

工学では、人の役に立つものづくりを学び、知識や技術を身に付ける。そのバリエーションも広く、魅力的な学びができる大学は多い。

小林哲夫（こばやし・てつお）
教育・社会運動問題を執筆。1994年から「大学ランキング」の編集者。著書に『神童は大人になってどうなったのか』『早慶MARCH』『ニッポンの大学』など。

理系学生　1日の過ごし方

「講義や研究で忙しい」といわれる理系学生。その具体的な内訳はどうなっているのか。一般的な4～6年間の過ごし方は、次図のとおりだが、学校や学部によっても異なる。そこで、東工大院、東大院、工学院大の3人の大学生・大学院生にそのキャンパスライフの実態を聞いた。

■ **研究室での活動は4年からが主流** —理系学生の4〜6年間—

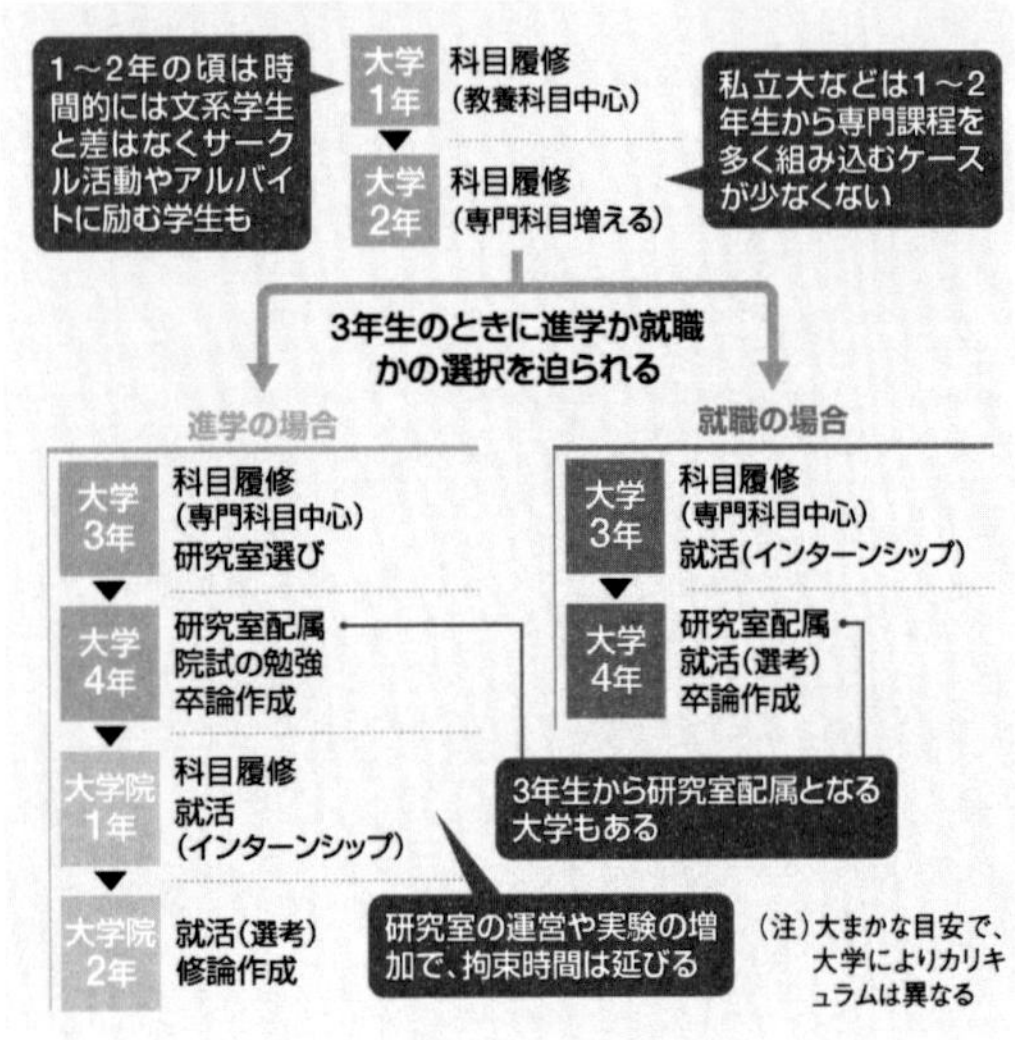

（注）大まかな目安で、大学によりカリキュラムは異なる

東工大大学院【機械】　中川さん

東京工業大学の工学院機械系機械コース修士2年生の中川剛さん（仮名）は、「学部2年生から機械系の専門科目の履修が始まり、課題も多くて勉強量はその頃がピークでした」と振り返る。同校では1年生は教養科目が中心で、2年生のときに自分が進む〝系〟を選択する制度になっている。

埼玉県の実家から目黒区の大岡山キャンパスまで片道約2時間。1限の講義に出席するためには、朝の7時に家を出る必要があった。

3年生になると履修科目数が落ち着くため「土日含めて週3日、家電量販店で終日アルバイトをしていた」という。さらに3年の夏までバドミントンサークルに所属。週に3回ある18時から21時までの練習に参加していた。最後は副部長として活躍していたという。

3年生の終わりに学生間の話し合いで研究室を決める。9割近くが修士課程に進む同校では、修士も同じ研究室に所属するケースが多い。ただ4年生の8月末までは院試（大学院入学試験）勉強に励み、研究は9月から本格化した。

中川さんの研究テーマは「ダイヤモンド状の硬質な炭素薄膜」。材料の組み合わせや合成手法の変化による新材料の開発、最先端の炭素系新材料の硬度や摩擦力、用途などを探っているという。

実験と分析の日々

研究室には在室を義務づけるコアタイムはないが、10時から19時までいることがほとんどだ。

修士1年生になると、科目履修や修士論文の中間発表もある。実験用の薬品の手配など、研究室の雑用も1年生の仕事のため多忙を極めていたが、中川さんは8月にインターンシップに参加。鉄鋼会社の工場で2週間、繊維会社の四国の事業拠点で1週間、社員寮に泊まり込んで就業体験をした。

中川さんは「そこで工場そのものに関心を抱き、自分の志望先が見えてきました」

と振り返る。

19年2月に面接を終え、インフラ設備のエンジニアリング会社から内定をもらった。設計業務に携わる予定だという。

修士2年生の今、連日8時から19時まで実験と分析の日々が続く。研究に専念するために大学の近くで一人暮らしも始めた。

「理論的に教授に相談すれば、新規開拓テーマでも自分の裁量で研究できて、プロセスを評価してくれる。研究の特許申請もでき、環境は恵まれている」

研究に没頭する日々が続く。

東大大学院【生命科学】三浦さん

東京大学のリベラルアーツ教育は、最初の1年半で広く教養科目を履修したのち、2年生の途中で「進振」（進学振り分け）がある。大学院農学生命科学研究科応用生命工学専攻修士2年の三浦俊一さんは、理科二類に入学後、生物学に興味が出て、農学部応用生命科学課程生命化学・工学専修に進んだ。農学部生は2年生の後半に駒場キャンパスから本郷に移る。

「2年生の後半からは専門科目の履修が始まり、毎朝8時半の1限目からびっしりと授業がある」

ゆとりがあった2年生の夏までは、バドミントンとESSのサークルに入っていたという。1限がない週の半分は8時から10時までバドミントンの朝練習に出ていた。

「朝型なので、2年生の夏までは朝に活動のあるサークルに出て、夕方、講義が終わると真っすぐ帰宅する生活パターンだった」

2年生の夏までは、毎週土曜日に塾講師のアルバイトもしていたという。しかし3年生になると午前中は講義、午後は17時ごろまで実験の毎日だ。自ら手を動かしながら、実際の研究に直結する基礎を学ぶ。

3年生の終わりに研究室の配属が決まるが、成績上位枠のほか、学生同士で希望を調整して決めるという。同専修では、8割の学生が大学院に進学して研究を続ける。

研究テーマは「分裂酵母における新規代謝調節機構の探索と解析」。生物が外界の栄養状態に依存して代謝調節をする新規の機構を探索し解明する研究だという。

4年生になると、夏までは院試に向けた勉強が続くが、9月から本格的に研究に専念できる。実験は4~5日連続で行うため、週末に研究室に出向くこともある。

大学院の修士1年生は研究室の雑用や研究室旅行幹事などの役割もあり、ゼミ発表も増え、土日も含む毎日20時から21時まで実験に追われ多忙な日々が続く。そんな中でも就活の時間を確保し、夏には20社程度の説明会に参加した。

「研究職に就くべきか悩んでいたが、コンサルティング会社も面白いなと思い始めた」

19年の3月から本格的に就活し、6月に大手コンサルティング会社への内定を決めた。

7月に修士論文の中間発表を終え、20年1月末の仕上げに向けて研究を進めている。修士での2年間で、「研究を通して考える時間が増え、人間として大きく成長できたように思う」と振り返る。

工学院大学【応用化学】　武田さん

工学院大学では、1年生のときから必修で専門科目を履修、専門分野の基礎を学ぶ。「先進工学部応用化学科では1年生から週に1回、一日中実験を行う日がある」と話すのは、同学科4年生の武田歩夏さん。実験実習を通して、器具の使い方、計算の仕方、リポートの書き方など化学実験の基本を習得する。実験後には毎回、リポート提出が求められるという。

「1、2年生はPCの使用が認められないので、毎週手書きで10~20枚のリポートを提出するハードな日々だった」と振り返る。3年生になるとPCを利用できるが、リポート枚数も増え、内容もより専門的になるという。

4年生になると研究室に配属されるが、希望を出したうえで、成績順に決定するシステム。武田さんは「環境分析化学研究室」に所属する。「研究内容を人にも伝えやすくて、身近に感じられる〝環境〟を扱う研究室に決めました」と、動機を語ってくれた。

研究室では、10時から17時半までコアタイムがあり、月末には1カ月の実験結果をスライドにまとめて30~40分程度の発表も行う。

研究と就活の両立は大変

同大学の大学院進学率はおよそ2割。8割は学部卒業後、就職を選択する。武田さんも就職を希望し、技術職を目指して3年生から業界研究や就活を始めていた。環境系や食品系など、志望業界を絞り込めなかったが、最終的に、「水や空気をきれいな状態にして工場から排出する」環境設備を造るメーカーへの内定を決めた。

「研究と並行しながらの就活は大変だったが、ゼミ仲間と励ましあって乗り切った」

水質の分析法、濾過やオゾンを使った環境汚染成分の除去法をテーマとした卒論作成に向け、実験データを集めている最中という。

学外では1年生から土日を中心に飲食店でアルバイトをしている。4年生の現在も継続中だ。部活動は吹奏楽部に所属。入学式や学園祭、半年に一度の定期演奏会に備えて練習の日々が続く。活動は週3回、18時から20時半まで。4年生になっても週2回は顔を出す。

多忙な日常だが、そのメリットについて武田さんは、「日ごろ大学に行く頻度が高いので、就職後の毎日の出勤も無理がなくなじみやすいのではと思います」と語ってくれた。

(ライター・石川美香子)

私大理・工で初年度150万円、医は500万円

親を悩ます理系の学費

大学の授業料は文系より理系のほうが高めといわれているが、実際はどうか。

私立大学の場合、入学金や施設設備費を含めた初年度納付金の合計額の平均は、文系の116・5万円に対し、理・工学部は147・4万円と、3割弱高くなっている。農・獣医学部も同程度だが、薬学部は208・2万円、歯学部は428・9万円、医学部は504・3万円と跳ね上がる。ここに実験実習費が加わる。理・工学部だと年6万円程度、医学部だと年30万円を超える。

一方、理系学生が多い国立大学の場合、授業料は全大学、文理問わず全員一律で、実験実習費に差が生じる程度。その金額も基本的には私大と同程度というのが相場だ。授業料も私大と比べて安く、経済的負担は少ない。

ただ、その現状に変化の兆しが出ている。文部科学省が、2割を限度に大学が独自に値上げをすることを容認。東京工業大学と東京学芸大学は19年の9月に授業料値上げを行い、20年4月には千葉大学と一橋大学も値上げを行う。国立大生の経済的負担がジワリと増えている。

（宇都宮　徹）

■理系の学費は高い ―国公私立別初年度納付金―

大学・学部		授業料（万円）	入学料（万円）	施設設備費（万円）	合計（万円）
私立文系		78.1	23.1	15.2	116.5
私立理系	理・工	106.8	24.2	16.2	147.4
	薬	143.5	34.1	30.5	208.2
	農・獣医	96.5	24.6	20.0	141.3
	医	266.7	132.5	105.0	504.3
	歯	316.7	56.3	55.8	428.9
国立		53.5	28.2	―	81.7
公立		53.8	39.4	―	93.2

（注）2017年度の数値。国立、公立の施設設備費の平均額データはなし（大学・学部で異なる）（出所）文部科学省「私立大学入学者に係る初年度学生納付金平均額」「国公私立大学の授業料等の推移」

【誌上座談会】5業種の人事担当者が本音で語る

こんな「理系人材」が欲しい

あらゆる産業で、AIやITの活用が広がり、専門性が高い理系人材の需要が急増している。これまで文系中心に採用していた企業も、論理的思考力を求めて理系採用を増やしており、人材の獲得競争が激しくなっている。

では、企業の採用担当者は、理系学生に何を求めているのか。今回、製造、金融、ITなど5業種の現役人事担当者に話を聞いた。

（個別に行ったインタビューを座談会形式に構成。出席者は次の5名）

【種苗】種苗メーカー・人事担当
【機械】機械部品メーカー・人事担当

【IT】IT企業・人事担当役員
【商社】商社・人事担当
【銀行】銀行・人事担当

会社でやることは違う

――理系の中でもどのような学部・学科の人材を狙っていますか。

【種苗】とくに絞ってはいないが、農学部と理学部の2つの流れがある。うちの会社の花形は、改良品種を作り出す「育種」。大学で育種学を専攻することが王道だが、土壌学や気象学といった異なる分野を専攻した人もいる。

共通点は、大学できちんと物事に向き合ってきたかという点。大学で学んだことと、会社でやることはまったく違う。目の前の仕事に没頭でき、新しいことを取り入れる柔軟性があることが大切だ。文系が研究職を受けたこともあるが、採用に至ったケースはない。

【機械】うちは機械系、電気・電子系といった工学系が最優先。潤滑剤などを分析する化学、プログラムを作る情報系も採用している。ものづくりの会社なので、これまで大学で学んできたことをさらに深めて「こんな製品を作りたい」という人を求めている。

一方、情報系学部の人気に押されて、機械工学系学部を選択する学生が減ってきている。工学系だけでは学生を集めきれない面もあり、物理など別の分野を専攻している人も選択肢に入れている。もっと言えば、文系でもものづくりが好きという人も歓迎したい。

【ＩＴ】文系、理系は問わないし、学部・学科を絞り込むこともしていないが、「Ｊａｖａ」などのプログラミング言語を扱うので、情報学系や数学系の卒業生が多い。たくさん言語を書くという仕事のイメージがわかったうえで「それでもこの仕事に就きたい」という覚悟を感じるので、大学でプログラミングを学んできた人のポイントは高い。ただ、学生のときに学んだことがすぐに仕事で通用するわけではなく、入社後は全員にプログラミング言語の研修を受けてもらっている。
大企業ではないのでシステム設計から顧客対応、コンサルティングまで担う必要がある。だから「プログラミングだけやっていたい」という人よりも「1人で何でもできるようになりたい」という考えの人のほうが採用しやすい。

【商社】商材の卸、販売を手がけているので、これまでは文系の採用が多かった。しかし5年ほど前から理系学生の採用に本腰を入れ始め、19年の2020年卒採用でいえば内定者約30人のうち半数が理系。学部・学科も工学部、農学部、医療系など幅広い。うちは技術職や研究職はないので、大学での研究がダイレクトに生きるというより、理系ならではの論理的な思考力や、説明のわかりやすさを求めている。

【銀行】うちも「この学部でなければダメ」という線引きはない。インターネットバンキングなどシステムまわりを担当する部門は、情報系や理数系の学部が多いが文系出身者もいる。ただ、システム設計は外注が多いので、スケジュールや納期を管理するマネジメント能力も重視している。

一方で、データ分析を専門に行う部門は、大学院卒で数学や情報系を専攻した専門性の高い人を求めている。具体的には「R」などの統計解析ソフトを使いこなせる人材だ。初任給で差をつける場合もある。システム系でも、大学でプログラミング言語を学んだ人は、入社後の成長が早い。

地方の理系学生に注目

――どのような採用手法を取っていますか。また、特徴的な選考過程を行っていますでしょうか。


【種苗】選考過程で言えば、農場での実技で志向性やひらめきを、グループディスカッションでは論理的に説明できる能力を見ている。

学生の希望職種は重視するが、研究職として採用しても、定年まで研究職というわけではなく、管理、営業系に異動する場合もある。「やりたいことと、やれることは違う」と入社前に伝えている。

【機械】うちは1次選考から1対1の個人面接を行っている。時間も45分間とり、本人の希望する職種、勤務地をしっかりとヒアリングして、会社と本人の双方にとってウィンウィンになるような想定配属先を考える。事業領域が広いので、製品によって勤務地が異なる場合もある。話を聞きながら「あなたのやりたいことは、実はこちらの領域に近いのでは」といった別の提案をすることもある。

採用活動は、基本は全国の50~60大学の研究室や就職担当者を訪問し、関係を築いている。大学が主催する学内の就職イベントに参加することもある。

【IT】インターンシップや、社員が知り合いを紹介する「リファラル採用」に加えて、人材紹介会社を活用している。それはとくに地方の大学の理系学生を採用するのに有効だ。

首都圏の学生は、交通の利便性が高いので、多くの会社を受けて複数の内定をもらい6月まで決めないケースが多い。しかし地方の学生は採用面接を受けに上京することと自体が大変だから、割と早く決めてくれる。ＩＴ企業に就職したいが、地元に会社がないという学生にとっても満足してもらえる。

――大学や学生の傾向で感じることはありますか。

【種苗】農学系の場合、国の補助金が多くつくのが、バイオテクノロジーの分野。大学も力を入れていて学生も集まりやすい。一方、育種学は、研究費があまり投じられておらず残念でならない。

【機械】かつてと比べて、大学で切削加工といった実技を学ぶ時間が少なくなっているという印象を受ける。どれだけ論文を書けたとしても、製造現場で指導ができなければ厳しい。海外駐在員が現地のスタッフに逆に教わるケースもある。高等専門学校（高専）のほうが実技をしっかり行うので、最近は高専の採用にも力を入れている。

――理系出身の人は、仕事のどのような場面で評価されていますか。

【商社】営業の場面で、商材を論理的に説明できるので、顧客から「わかりやすい」と受けがいい。実際、ある理系出身の女性がわかりやすく新商材を説明し、短期間で契約できたことがあった。

コミュニケーション力の高さで顧客と仲良くなり、商談を進める従来型の営業スタイルが変わり始めている。うちの会社では理系タイプを「新種」、文系タイプを「旧種」と呼んでいる。

【銀行】うちも企業を相手にする法人営業は、論理的な説明ができる理系出身者が増えていて評価も高い。そもそも分析や審査、コンプライアンスなど、理系の能力を生かせる場面が多い。一方で、個人営業の場合は「話し相手が欲しい」という顧客も多いので、コミュニケーション力が高い文系の担当者が担当することが多い。

大学院卒かは問わない

――「大学院に行かないと専門スキルが身に付かない」と考える理系学生も少なくありません。採用の際、院卒を重視しますか。

【種苗】率直に言えば、学部卒を採用したい。なぜなら研究職として入社してから定年まで、実験できる回数は限られるから。学部卒は院卒よりも2年早く入社できるのでより多く実験ができる。大学での実績よりも1つのことに向き合い、打ち込む姿勢を重視している。

【機械】学部卒と院卒で採用枠の人数を決めてはいないし、こだわりもない。確かに大学院に進んでいると、学会発表の経験もあるので、人に対する説明能力が高いと感じることもある。一方、学部卒のほうが若い分、柔軟性があり、入社後も新しい技術領域にチャレンジしてくれるという期待が持てる。

【IT】大学院を出ている人は、人生の選択を1回多くしているという点で評価している。ただ、スキルとしては学部卒も院卒もそれほど変わらないと考えている。

【商社】うちは院卒のほうが多い。19年採用したうち3分の2が院卒生だ。学部生より2年多く勉強していることもあり、大人で社会人に近いという印象がある。

【銀行】院卒は即戦力と見ているが、学部卒だと「理系脳」だよね、という程度。私も理系なのでわかるが、研究室に入るのはおおむね4年生なので、学部卒だと専門的分野を学べる時間が少ない。

――大学の研究室とのつながりを持っていますか。また、所属する研究室の教授が出す推薦状をどの程度重視していますか。

【種苗】園芸や育種学もゲノム編集などトレンドがあるので、情報交換をするためにも研究室とのつながりは大切にしている。農業は1つの分野で完結するものではないので、情報のパイプづくりのために理系の大学との付き合いは深く、共同研究を進めている大学もある。

ただ懇意にしている研究室から必ず採用しているということはない。採用実績のない学校からも採用している。推薦状も必須ではなく、こだわっていない。

【機械】研究室からの推薦が出ると、よそに行かれることはなくなるので重視している。推薦状の提出者には書類選考と1次面接を免除しており、学生にもメリットがある。ただ、推薦状があるからといって採用基準が甘くなることはない。

【IT】研究室とのつながりはまだ弱く、開拓を始めたばかり。AIを専門にしている先生もまだ少ない。IT業界は推薦状に淡泊という印象がある。少なくともうちは求めていない。

【商社】理系採用を増やすためにも今後、研究室との関係づくりには力を入れていかなければならないと思っている。少しずつではあるが、理系出身者が増えてきているので、後輩を紹介してもらうなど接点を増やしたい。

【銀行】今はデータサイエンス学部などが増えているので、産学連携で研究室とつながりを持つようにしている。うちの会社は、理系は推薦がほとんど。推薦状があれば内定辞退されることはないので、あるに越したことはない。ただ、学生に頼まれれば全員の推薦状を書く教授もいると聞くので、価値が高いかというと疑問だ。

リケジョを採用したい

――売り手市場の中、理系の新卒採用は厳しさを感じますか。

【機械】うちで選考が進んでいても、知名度の高い大手企業に内定が決まると、ほぼ逃げられてしまう。保護者がうちの会社を知らないケースもあり、より知名度の高い大手企業を子どもに薦めることもある。まずは保護者の方々にBtoB企業のよさを知ってもらうことが大切だと感じている。理系の女子学生ももっと採用したい。

採用する企業側にとっては厳しい状況が続くが、将来の幹部候補生を確保するためにも、新卒採用のボリュームは変えない計画だ。

【商社】理系採用に力を入れて説明会などに出てはいるが競争は激しい。就活ナビサイトも必要だが、ナビサイトで応募してくれないような層には、学校回りなどこちらからアプローチするしかない。うちは商社といっても体育会系ではないし、マニュアルやルールも少ないので個性を生かせる会社だと思う。文系、理系問わず、社内の雰囲気を気に入って「一緒に働きたい」と言ってくれる人も多いので、まずは個別に大学を回って、会社を見に来てもらう環境をつくらなければならない。

【銀行】例えば、東京理科大学のビジネスエコノミクス学科（経営学部）のような金融のデータ解析などを専門に学ぶ学科も増えてきてはいるが、分母が小さい中での取り合いになっている。

ただ、うちはデータ分析の採用枠を増やす予定はない。仮に「データ分析の仕事が合わない」となったときに、営業などほかの部門だと審査などに異動できるが、データ専門の人が、銀行内で合う業務を見つけるのは難しいのではないかと思っているからだ。金融は、縁の下の力持ち的な仕事が多いので、どこまで黒子に徹することができるかということも、採用のうえで重視している。

（構成：ライター・国分瑠衣子）

理系学生が抱える就活のジレンマ

文系学生からは「理系学生は簡単に就職ができる」と思われがちだ。実際、内定率の推移を見ても、理系の学生の内定率は文系の学生に比べて高い傾向が続く。早い段階で内定を得ているのも理系の学生で、「メーカーだけでなく銀行や総合商社なども理系人材を求めており、争奪戦の状態」（文化放送キャリアパートナーズ就職情報研究所・平野恵子所長）だ。

■理系は文系より10ポイント弱高い
―文理男女別の内定率―

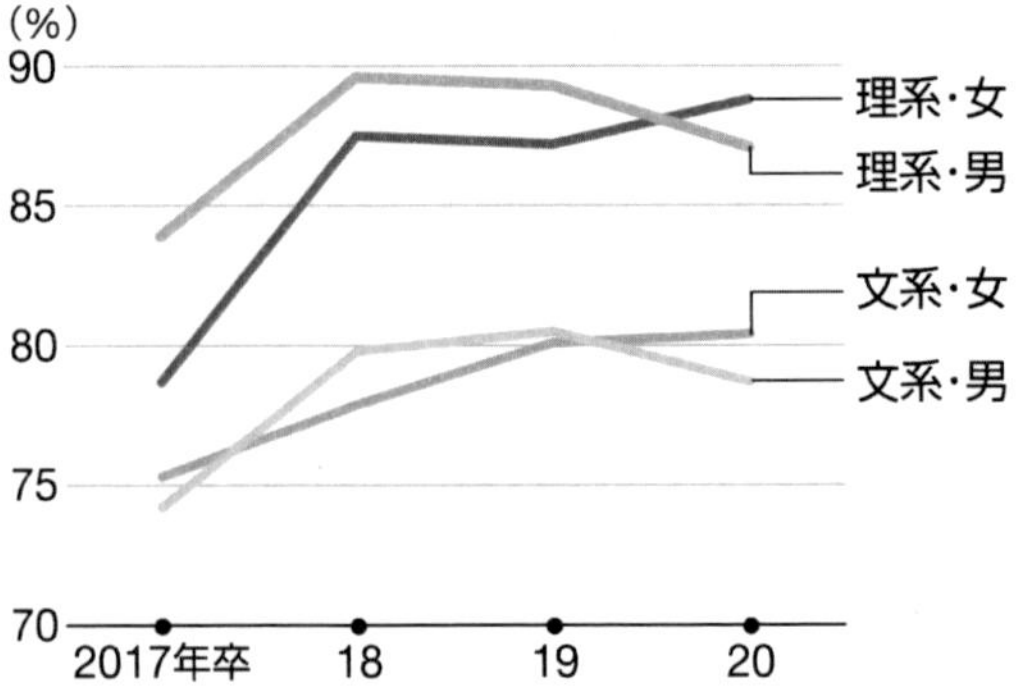

(注)各8月末時点の内定率
(出所)マイナビ大学生就職内定率調査

しかし理系学生の就活は大変だ。研究との両立が避けられないからだ。

理系学生に特化した新卒採用サービス「ラボベース」を運営するPOLの調査によると、大学院生の3人に1人が決められた時間に在室を求める「コアタイム」を設定する研究室に所属しているという。

とくに化学専攻や生物・農学専攻に限ると、対象者は6割を超える。中には、「就活の繁忙期でも研究室にスケジュールを融通してもらえない」と、就活しづらい雰囲気がある研究室もあるという。

さらに進学するか否かの決断も求められる。大学院進学となると、4年生の夏ごろまで院試（大学院入学試験）の準備に追われる。就活は3年生の終わりから4年生の6月ごろまでがピークのため、就活はほぼ断念せざるをえない。仮に志望の大学院に合格できなかった場合、その段階では、大手企業の採用は終了しており、選択肢が限られてしまう。そのリスクを恐れ、就職を選ぶ学生も少なくない。

今の就活の仕組みでは理系学生をきちんと評価することができないという意見もある。3年生の段階で本格的な研究を行う学生は少ない。つまり企業側も学業の評価はほとんどせずに「理系だから」という理由だけで採用しているフシがある。

この点に関しては、経団連と大学間で議論が進む「採用と大学教育の未来に関する産学協議会」の中間取りまとめで、「実質3年間の大学教育では、人材育成の学修時間としては不十分」とし、採用のあり方について検討を進めている。同時に「大学院レベルまでの教育を重視していく必要がある」と記載している。

採用現場で学業を重視する傾向が強まれば、大学院進学に目を向ける理系学生が増えるかもしれない。


（宇都宮　徹）

Interview

2019年ノーベル化学賞の研究者が学生に告ぐ

35歳に向けて研究せよ

旭化成 名誉フェロー

吉野 彰

撮影：今井康一

INTERVIEW　ノーベル化学賞の研究者が学生に告ぐ

35歳に向けて研究せよ

旭化成　名誉フェロー・吉野　彰

1985、86年に申請した特許でリチウムイオン電池の基本構造を確立し、晴れて19年のノーベル化学賞の受賞が決まった吉野彰氏。京都大学大学院を修了後、産業界で半世紀近い研究者人生を送ってきた吉野氏が理系学生に送るメッセージとは。

――化学の面白さに目覚めたのは、小学生の頃だそうですね。

小学校3～4年生の頃、担任の先生が薦めてくれたファラデーの『ロウソクの科学』を読んで、これは面白い、と。だんだん好きなことが得意科目になっていき、化学の研究をすることになった。

――京大での学生生活について教えてください。

学部では、とにかく専門以外のことも身に付けなさいと。没頭したのが、考古学の課外活動だ。京都や奈良で遺跡が出ると、役所から「10人くらい手伝いに来て」とお呼びがかかる。専門分野がバラバラの学生たちが集まって、ひたすら土を掘る。今思えば、このとき考古学をやった経験が、時代を読む力につながったように思う。

大学院で入ったのは、京大教授で81年にノーベル化学賞を受賞した福井謙一先生の分家筋に当たる研究室。そこで、光化学の研究をした。ある物質に紫外線を当てたとき、どのような反応が起こり、理論とどのように合致するのかを調べるといった、理論と実践が半々の研究だ。

製品化につながる研究

――大学院に残ろうとは考えなかったのでしょうか。

アカデミックな研究よりも、研究成果を製品として世に出したほうがダイナミックだと考えたんやろうね。その点、当時の旭化成は、汎用型の繊維事業から脱却すべき時期にさしかかっていた。「何か新しいことが研究できる」と思ったのが入社の一番の決め手だった。

――希望どおり、研究開発部に配属されます。

研究開発部では当時、大きなプロジェクトが2つ進められていた。ほかに3～4人の遊軍がいて、今後5～10年先につながる、好きな研究をしてくれ、と。私はそこに配属された。2年を期限にテーマ設定をして基礎研究を行うのだが、1～3番目は全部失敗。そして4番目に掲げたのが、白川英樹博士が発見し、当時世界中で話題になっていた電気を通すプラスチック「ポリアセチレン」の素材研究だった。最初から電池を研究していたわけではない。

――なぜ、ポリアセチレンを2次電池へ応用できると?

電気が流れるだけでなく、イオンも出入りするのがポリアセチレンの特徴。最初に考えたのは太陽電池への応用だ。ただ、屋外で10年以上さらされるのはきつく、すでにいい材料も出てきていた。

そこで次に当たりをつけたのが、2次電池だった。当時、軽小、高容量な2次電池として、リチウムイオン電池の研究が活発化していた。が、負極の材料として開発された材料は、安全性に問題があって実用化に結び付かなかった。そこで私は、ポリアセチレンを負極に使えば、安全性の問題をクリアできるのではないか、と考えた。

そのとき出合ったのが、ノーベル化学賞を同時受賞するグッドイナフ博士の研究だ。年末、川崎の研究所で大掃除をした後、積んであった未読論文をパラパラめくった。すると、同氏による電池の正極に関する論文を発見。これを私の負極と組み合わせるとうまくいくはず、と、はやる気持ちでお正月休みを過ごしたのを覚えている。彼の正極の研究が10年遅れていたら、リチウムイオン電池は作れなかったかもしれない。

――ご自身がノーベル化学賞を受賞する意義とは何でしょう。

「産業界の吉野」が取ったということじゃないかな。泥くさいが、世の中の役に立つ研究が評価されたということ。しかも、アカデミアの人は論文の形で研究成果を残すのに対し、企業の研究者は特許が評価の対象になるが、その内容を読み解くのは難しく、推薦するハードルは高い。ただ、ノーベル賞の近年の傾向から考えて、環境に優しいエネルギー源として期待される、という点がなければ受賞はなかったと思う。

――日本の研究環境が劣化し、これからノーベル賞が取れなくなっていく、と危惧されています。

近年の大学での研究はよろしくない。大学は、真理の探究、基礎研究を担うのが役目。実用化以降は産業界の役割で、両輪がうまく回るのが理想的だ。

大学に100人の研究者がいたら、99人の研究は役立たない。だが99の無駄から1の発見がある。基礎研究にかかる費用は、そこまで大きくないのだから、安易にカットしてはいけない。こうした提言をすることはノーベル賞を受賞した私の重要な役割だと思っている。文部科学相にもお伝えして、「よくわかった」と言ってくれている。今後改善されていきますよ。

吉野彰氏、ノーベル賞獲得までの道のり

1966年	（18歳）	京都大学工学部入学
72年	（24歳）	同大学院工学研究科で石油化学専攻を修了 旭化成工業（現旭化成）に入社し、研究開発部で新規事業の立ち上げに携わる
81年	（33歳）	新素材「ポリアセチレン」の研究をする中で、新型2次電池の開発に着手
85、86年	（37、38歳）	リチウムイオン電池の重要特許を出願
91年	（43歳）	ソニーがリチウムイオン電池を初めて実用化
94年	（46歳）	東芝との電池合弁会社「エイ・ティーバッテリー」の技術開発部担当部長に
97年	（49歳）	旭化成でリチウムイオン電池事業の責任者に
2000年ごろ	（52歳）	ノーベル賞の候補となる
01年	（53歳）	電池材料事業開発室長に
05年	（57歳）	工学博士号取得
10年	（62歳）	リチウムイオン電池材料評価研究センター（LIBTEC）理事長
17年	（69歳）	旭化成名誉フェロー（現職）
19年	（71歳）	ノーベル化学賞受賞

（出所）旭化成のプレスリリースおよび取材を基に本誌作成

――理系学生への叱咤激励をお願いします。

「35歳の自分に向けて、一生懸命勉強せい」ってことじゃない？　私が受賞につながる研究を始めたのが33歳のとき。ノーベル賞受賞者のその平均値は37・1歳。大体35歳ですよ。このくらいの歳は、徐々に権限が与えられるが、責任を取らされるリスクはまだない。いちばんやりたいように研究ができる時期だ。これをスタートと位置づけ、それまでは広い視野、基礎的な能力、そして失敗の経験を積むこと。この蓄積が物をいう。「ある日突然のひらめき」も、それまでの積み重ねから来るものだ。

（聞き手・印南志帆）

吉野　彰（よしの・あきら）

1948年生まれ。京都大学大学院修了後、72年に旭化成入社。2017年から現職。

【週刊東洋経済】

本書は、東洋経済新報社『週刊東洋経済』2019年11月30日号より抜粋、加筆修正のうえ制作しています。この記事が完全収録された底本をはじめ、雑誌バックナンバーは小社ホームページからもお求めいただけます。

小社では、『週刊東洋経済eビジネス新書』シリーズをはじめ、このほかにも多数の電子書籍ラインナップをそろえております。ぜひストアにて「東洋経済」で検索してみてください。

『週刊東洋経済eビジネス新書』シリーズ

No.307　世界のエリートはなぜ哲学を学ぶのか

No.308　AI時代に食える仕事・食えない仕事

No.309　先端医療ベンチャー

No.310　最強私学　早稲田 vs. 慶応

No.311　脱炭素経営

No.326　かんぽの闇　保険・投信の落とし穴
No.327　中国　危うい超大国
No.328　子どもの命を守る
No.329　読解力を鍛える
No.330　決算書&ファイナンス入門
No.331　介護大全
No.332　ビジネスに効く健康法
No.333　新幹線　ｖｓ．エアライン
No.334　日本史における天皇
No.335　ＥＣ覇権バトル
No.336　検証！ＮＨＫの正体

週刊東洋経済eビジネス新書　No.337
強い理系大学

【本誌（底本）】
編集局　宇都宮　徹、印南志帆、常盤有未
デザイン　小林由依
進行管理　下村　恵
発行日　２０１９年１１月３０日

【電子版】
編集制作　塚田由紀夫、長谷川　隆
デザイン　大村善久
制作協力　丸井工文社
発行日　２０２０年７月１３日　Ver.1

発行所　〒103-8345
東京都中央区日本橋本石町1-2-1
東洋経済新報社
電話　東洋経済コールセンター
03（6386）1040
https://toyokeizai.net/
発行人　駒橋憲一

電子書籍化に際しては、仕様上の都合などにより適宜編集を加えています。登場人物に関する情報、価格、為替レートなどは、特に記載のない限り底本編集当時のものです。一部の漢字を簡易慣用字体やかなで表記している場合があります。本書は縦書きでレイアウトしています。ご覧になる機種により表示に差が生じることがあります。

※本刊行物は、電子書籍版に基づいてプリントオンデマンド版として作成されたものです。